《教师教育课程标准（试行）》教材大系
教师教育国家级精品资源共享课立项课程配套教材

中学数学教学设计

叶立军　编著

Zhongxue Shuxue Jiaoxue Sheji

高等教育出版社·北京

内容简介

本书为教师教育国家级精品资源共享课立项课程配套教材，也是教师教育课程标准教材大系之一。本书立足于学生，以问题为抓手，以案例教学为出发点，既重视学生理论水平的提高，又重视学生自主学习、实践能力的提升，为学生终身学习能力的提升打下坚实的基础。

全书共七章，第一章主要介绍数学教育发展的概况，当前中学数学教学特征以及对数学教师素质的要求；第二章主要介绍中学数学教学设计的基本概念和基本原理；第三、四、五、六章分别从怎样研究学情、怎样研读教材、怎样选择教学方法、教学模式等角度入手，介绍数学教学设计的前期准备；第七章主要从设计目标、教学过程、问题情境、课堂提问、课堂练习、课堂结尾、板书等方面介绍怎样进行教学设计。本书以二维码形式呈现与课程内容相关的视频资源，辅助学生的学习。本课程已在精品开放课程共享系统“爱课程”网（www. icourses. cn）上线。

本书适合高等师范院校全日制本科生作为数学学科教学法的教材，也适用于中小学数学教师、教研员、中小学数学爱好者阅读。本书可作为高等学校本科生、研究生、教育硕士使用的教材或参考书，也可作为数学教师的培训教材。

图书在版编目（CIP）数据

中学数学教学设计 / 叶立军编著. --北京：高等教育出版社，2015.6

ISBN 978-7-04-042676-2

Ⅰ.①中… Ⅱ.①叶… Ⅲ.①中学数学课-教学设计-高等师范院校-教材 Ⅳ.①G633.602

中国版本图书馆 CIP 数据核字（2015）第 093274 号

策划编辑 王文颖　责任编辑 王文颖　封面设计 张申申　版式设计 童　丹
插图绘制 杜晓丹　责任校对 陈旭颖　责任印制 毛斯璐

出版发行	高等教育出版社	咨询电话	400-810-0598
社　　址	北京市西城区德外大街 4 号	网　　址	http://www.hep.edu.cn
邮政编码	100120		http://www.hep.com.cn
印　　刷	北京中科印刷有限公司	网上订购	http://www.landraco.com
开　　本	787 mm×1092 mm　1/16		http://www.landraco.com.cn
印　　张	12.5	版　　次	2015 年 6 月第 1 版
字　　数	290 千字	印　　次	2015 年 6 月第 1 次印刷
购书热线	010-58581118	定　　价	29.80 元

本书如有缺页、倒页、脱页等质量问题，请到所购图书销售部门联系调换

物 料 号　42676-00

前　言

21世纪，我国中小学掀起了一场轰轰烈烈的基础教育课程改革浪潮。课程改革是国家改革人才培养模式、培养创新人才、推进素质教育的必由之路。由于数学应用的广泛性，数学教育在基础教育改革中可谓首当其冲，创新精神成为数学教育改革的指针。随着数学课程改革的推进，人们已经意识到：数学教师的素质是这场改革能否取得成功的关键。

《教师教育课程标准（试行）》指出，教师教育课程的目标需要从“教书匠”的训练走向“教育家”的成长，彰显当代理想教师——反思性实践家的专业属性。要让教师学会反思、学会研究。同时，还要求教师具有一定的教学实践经验，在教学中，要体现以“儿童发展为本”，要具有终身学习的能力等。

“中学数学教学设计”这门课是从原来的高等师范院校数学与应用数学专业（师范类）设置的“数学学科教学论”和“中学数学教材教法”中分化出来的，针对当前中学数学教师研究意识和研究能力相对比较薄弱、缺乏终身学习的能力而专门开设的课程。“中学数学教学设计”以《教师教育课程标准（试行）》为指导，目的是加强高师数学教学与中学数学教学实践的联系，开展案例教学，提升师范生的研究意识和能力、解决问题的能力和教学设计能力。本课程以现代数学教学理论为指导思想，使学生认识数学教育基本规律，掌握中学数学教学设计方法，提高数学教学设计能力，提升教学技能和教育专业水平，以适应加强素质教育和教育现代化的迫切需要。

大多数今后从事中等学校数学教师工作的毕业生，通过本课程的学习，完善相应的知识结构，增强科学的数学教育意识，以保证今后中学数学的教学质量。通过学习，学生能以数学教育的基本规律为指导，掌握教育科学研究的方法和研究意识，进而具备一定的教育科研能力；了解中学生的知识结构和认知水平，准确领会数学教育前沿的思想观点，掌握正确的数学教学方法、手段和技能，不断提高数学教学的实际运作能力和教学水平。

本书在框架设计、内容安排、呈现形式及陈述方式上，力求体现教师教育课程标准的理念，内容既反映数学教学理论前沿，初步形成了一定的理论体系，又贴近中学课堂教学实践。本书的编写思路体现了如下几个方面：

（1）基于一个理念：改进教学，促进发展。力图通过本课程的学习，使学生具备一定的研究能力，让学生明确要做好教学设计，必须学会研究、学会思考。

（2）贯穿一条主线：从教学设计基本要求出发，通过对学情分析、教材分析以及教学方法的选择来阐述如何做好教学设计的准备，以及教学设计的基本步骤。

（3）坚持一个原则：理论性与实践性相结合。教材的编写立足于学生，以问题解决为出发点，以案例教学为抓手，既重视学生理论素养的提升，又重视学生自主学习、教学实践能力的提升，并为学生的终身学习打下坚实的基础。

（4）体现时代性、先进性。本教材要解决当前相关课程内容陈旧、方法落后、脱离教学实际的问题，以提高学生整体教学技能为根本目的。

（5）体现教材设计案例的时效性。教材收录了部分中学数学教学实践基地的优秀教师上课的教学案例，体现了真实性和有效性。

与此同时，教材编写过程中兼顾了学生就业以及教师资格考试对教学设计的需求，增加了学生在课堂教学中独立完成教学设计的环节，以不断提升学生自主设计和独立思考的能力。

全书分为三个模块，共七章。第一、二章为第一个模块。第一章主要介绍数学教育发展的概况，当前中学数学教学特征以及对数学教师素质的要求；第二章主要介绍中学数学教学设计的基本概念和基本原理。第三、四、五、六章为第二模块，分别从怎样研究学情、怎样研读教材、选择教学方法、教学模式等角度入手，介绍数学教学设计的前期准备。第七章为第三模块，主要从设计目标、教学过程、问题情境、课堂提问、课堂练习、课堂结尾、板书等方面介绍怎样进行教学设计。

本书由杭州师范大学叶立军老师编著，王娇娇、程翠婷参与了部分章节的编写工作。斯海霞博士认真审读了书稿，并对书稿作了修正。

本书是教师教育国家级精品资源共享课程建设项目成果之一，本课程已在精品开放课程共享系统“爱课程”网（www. icourses. cn）上线。在课程和教材的建设过程中，得到教育部经费的支持和专家们的指导和帮助，在此深表衷心的感谢！本书在编撰过程中得到了杭州师范大学教务处领导的支持和帮助，在此深表谢意！也感谢高等教育出版社的王文颖编辑为本书付出的辛勤劳动。

本书在编撰的过程中，吸收了许多专家学者的著作和研究成果，在此表示衷心的感谢！

由于本书作者学识有限，时间仓促，书中难免存有不当之处，恳请各位专家、广大师生批评指正。

叶立军

二〇一五年四月于杭州西子湖畔

目　录

第一章　中学数学教学基本概况　1

第一节　数学教育发展的概况　3
第二节　数学教育的研究对象及基本特征　11
第三节　现代数学教学的基本特征及其主要影响因素　15
第四节　确定中学数学教学目的的依据　22

第二章　中学数学教学设计的原理　27

第一节　中学数学教学设计概述　29
第二节　数学教学设计的一般原理　34
第三节　中学数学教学设计的基本原理　38

第三章　怎样研究学情　49

第一节　主要数学学习理论简介　51
第二节　中学生的心理年龄和认知特征　64

第四章　怎样研读数学教材　71

第一节　怎样分析和处理教材　73
第二节　怎样确立教材的地位与作用　83
第三节　怎样挖掘例题的教育价值　89

第五章　怎样选择教学方法　97

第一节　国内外主要的数学教学模式　99
第二节　国内外主要的数学教学方法　109
第三节　怎样选择合适的数学教学方法　115

第六章　几种主要的数学课型及其教学模式　121

第一节　主要数学课型的基本结构　123
第二节　数学概念的教学　126
第三节　数学命题的教学　133
第四节　数学技能的教学　137
第五节　数学问题解决的教学　142
第六节　数学活动课教学　147

第七章　怎样进行数学教学设计　153

第一节　怎样设计教学目标　155
第二节　怎样设计教学过程　160
第三节　怎样设计问题情境　165
第四节　怎样设计课堂提问　169
第五节　怎样设计课堂练习　173
第六节　怎样设计课堂结尾　175
第七节　怎样设计板书　178

第一章　中学数学教学基本概况

要点提示

本章在介绍数学教育发展基本概况以及数学教育发展历史的基础上，着重介绍培利-克莱因、新数运动以及数学大众化等历史上几次重要的数学教育改革，并介绍数学教育改革的历史背景及其产生的影响，同时，介绍我国数学教育改革的基本概况。此外，本章还阐述了数学教育研究的特点及其研究对象、现代数学教学的基本特征以及确定中学数学教学目的的依据。

学习目标

☐ 了解数学教育发展的基本概况，掌握数学教育的基本特征以及学习方法。

☐ 了解历史上几次重要的数学教育改革及其对我国数学教育改革的启示。

☐ 掌握现代数学教学的基本特征以及影响数学教学的主要因素。

☐ 了解影响确定中学数学教学内容的主要依据。

导入

21世纪，我国中小学掀起了一场轰轰烈烈的基础教育课程改革浪潮。

由于数学应用的广泛性，数学教育在基础教育改革中可谓首当其冲。随着数学课程改革的推进，数学教师的素质是这场改革能否取得成功的关键，已经成为人们的共识。数学教师课堂教学行为具有鲜明的个性特征，许多行为是教师长期的个人经验，“我们在种种场合和种种状况下，只有向经验求教，才可以从那里引出一般的规律”①。很多研究表明，专业发展需要自觉的经验性学习，“自觉的经验性学习意味着教师的自觉，这种自觉主要是教师的经验反思和经验重建。离开了教师的自觉，经验就是死的经验，经验性学习充其量只是自发的经验性学习”②。

教师素质的高低决定了学生素质的高低，决定了素质教育的成败。教师教学反思能力的提高是提高教师素质、提高数学教学能力的关键。

---

① 列宁. 黑格尔《逻辑学》一书摘要 [M]. 北京：人民教育出版社，1965：141.

② 陈振华. 论教师的经验学习 [J]. 华东师范大学学报（教育科学版），2003 (3)：17－19.

第一节 数学教育发展的概况

数学无论作为一门技术还是一种文化，为了延续和推广，都需要传承，数学教育因此而产生。一门科学的发展历史必然伴随着这门科学的教育历史，数学也不例外。现代意义上的教育，主要体现在课程设置和教学研究上，但一门学科的教育历史应该更为悠久和复杂，同时也显得有些细碎和凌乱。下面将分古代数学教育的历史、近代数学教育发展、现代数学教育的变化和趋势以及中国数学教育的特点等几个方面逐一介绍，希望从各个阶段、不同角度了解和审视数学教育。

视频 1.1.1
中学数学教学设计课程发展历史

一、古代数学教育历史的概况

古埃及曾开办各种类型的学校，如宫廷学校、职官学校、寺庙学校和文士学校等，而这些学校的数学课程都是不可缺少的。古埃及历史的主要考证文物是纸草书，其中以俄罗斯纸草书（公元前 1850 年）和兰德纸草书（公元前 1800 年）最为著名。例如，俄罗斯纸草书就记载了这样一个数学问题："如果告诉你，一个截顶金字塔垂直高度为 6、底边为 2，4 的平方得 16，4 的二倍为 8，2 的平方是 4；把 16、8 和 4 加起来，得 28；取 6 的三分之一得 2；取 28 的二倍为 56。看，它是 56。"这就是现在的四棱台体积公式。又如，兰德纸草书中有："一个量与其 1/4 相加之和是 15，求这个量。"它正是一个一元一次方程的求解问题。

古巴比伦也创办了各类学校培养人才，数学是学校的主要教育内容。两河流域文明的记载主要从泥板书中获取，泥板书是古巴比伦人祖传的一种记录和保存文字的载体。其中，普林顿 322 号泥板书（公元前 1900 年—前 1600 年）被称为数学泥板书。在这块泥板书上发现了符合毕达哥拉斯定理的数组。它比毕达哥拉斯时期早一千多年，比我国《周髀算经》（公元前 1000 年）中描述的勾股定理也要早几百年的时间。另一种泥板书，汉穆拉比时代泥板书（公元前 1700 年）则记有如下的问题："一块长方形土地面积加上长与宽之差为 183，而长与宽之和为 27，这块地的长、宽、面积各几何？"这样的数学问题在那个年代已经是非常"高深"的了。

古代印度的教育与宗教密切相关。公元 5 世纪前期，各类学校就已经涉及数学内容。到了 5 世纪后期，围绕寺院这个中心的各种学术风气越来越浓，也促成了代数学的发展。印度的阿拉伯记数法、一元二次方程的求根公式等数学知识对周边国家的影响深远。

中国古代数学以《周髀》（西汉初期的一部天文和数学内容的著作，唐朝时改名《周髀算经》）和《九章算术》最为著名。后分别经魏晋时期的赵爽和刘徽的注释，从而影响深远，广为流传。如果说原著作是以记载为特色、以收集数学知识内容为目的的数学书籍，那么相应的注释则可以说是古老的数学教科书，起到了推广数学、传播数学的作用，它们的数学教育意义很有分量。其中的勾股定理、十进位值制后来都成了家喻户晓、妇孺皆知的数学常识。而“鸡兔同笼”“今有物不知其数，三三数之剩二，五五数之剩三，七七数之剩二，问物几何”等数学问题则以“游戏”的形式出现，寓教于乐。

古希腊的许多著名哲学流派，如爱奥尼亚学派、毕达哥拉斯学派、柏拉图学派、巧辩学派等与数学渊源深厚。这些团体的学术活动以数学研究为主要内容，他们的许多成果就是数学，如几何、古典数论等。而数论、几何、音乐和天文在当时被称为“四艺”，备受推崇。欧几里得的《几何原本》（公元前 300 年）既是一个集古希腊众多思想家智慧于一身的学术成果，也是一本完整的学生课本。可以说，《几何原本》是历史上使用时间最长的数学教科书，被誉为“西方数学的代表作”。另外，如果说《几何原本》是集思辨于数学的典范，那么作为天文学家、力学家和数学家的阿基米德则是古希腊少有的“应用数学”的楷模，他在杠杆原理和重心理论等力学问题上作出了突出的贡献，他的著作《杠杆论》《支柱论》《板的平衡》就是数学应用的典型例子。

二、近代数学教育的发展

视频 1.1.2
数学教育学产生与发展

在此，我们略过西罗马帝国灭亡（公元 476 年）至文艺复兴这长达一千年的漫长的“黑暗中世纪”。因为，期间数学研究和数学教育也几乎处于“停滞”的状态。但是，伴随着文艺复兴这场反封建、反神权的伟大运动的到来，束缚了人们一千多年的思想似乎一夜之间获得了解放，数学也重新进入人们的视野之中，获得了前所未有的重视。“复古”与“新生”交相辉映，数学既回复了古希腊数学的优良传统，又在新的时代之中插上了“思想自由”的翅膀，带来了“数学想象”的巨大活力。在各个国家的大学课程中陡然增加了数学课程的授课时数和数学知识内容的比例，代数学、三角学则成为数学学习的全新内容。这一切，为近代数学的大发展奠定了坚实的基础。

特别是，17 世纪的英国资产阶级革命爆发、18 世纪的美国独立战争取得胜利以及法国资产阶级革命的成功等，促使资本主义获得快速发展。思想的解放，文化的繁荣，生产的发展，资本的扩张，经济的腾飞，必然带来对人才的迫切需求，教育的革新也被提上了日程。同时，夸美纽斯、洛克、卢梭的新思想极大地影响了数学教育，促进了数学的发展。

在此期间，在数学课程与教材方面，取得突破性的发展。除了欧几里得的《几何原本》继续被广泛地使用之外，《几何原理及测量》《数学原理》《数学教程》《当代代数全书》等成为当时较有影响的数学教科书。19 世纪，为了适应经济发展的需要，“计算数学”有了大的发展，甚至还出现了“计算学校”。

19 世纪，对教育具有划时代意义的是，义务制教育被各国强制推行，数学教育也因此而受惠于它。

正因为如此，数学本身的研究也在这几百年的时间里得到迅猛发展。例如，费尔马先后对数论、解析几何、概率论、微积分等作了开创性的研究，“数学之花”遍地盛开；笛卡儿作为《方法论》的附录发表《几何学》，开创了解析几何之先河；牛顿于 1687 年出版了《自然哲学的数学原理》，微积分理论的“古老方法”获得新生；高斯于 1801 年出版《算术研究》，现代数论研究从此拉开序幕。如傅里叶级数、柯西定理、阿贝尔函数、罗巴切夫斯基非欧几何、伽罗瓦群论、维尔斯特拉斯语言、狄利克雷级数、布尔代数、黎曼几何、戴德金分割、康托尔集合论、庞加莱拓扑、希尔伯特公理体系、波莱尔测度等，都是这个时代数学的耀眼明珠。

三、现代数学教育的变化和趋势

19 世纪末、20 世纪初，社会生产力和科学技术迅猛发展，反映在教育的变化上更为复杂和曲折。数学教育的改革既取得了不少成功的经验，也走过不少弯路。具有代表性的事件有如下数学教育改革的“三大运动”。

（一）培利-克莱因运动

1901 年，英国科学促进会在格拉斯哥召开甲组（数学与物理）与乙组（教育）联盟会议，英国皇家理科大学教授，被誉为近代数学教育改革先驱的数学家培利发表了题为《论数学教育》（Teaching of Mathematics）的演讲。在演讲中，他主张数学的实践不是教会学生一些技巧，也不是将抽象的理论如何运用于自然现象和社会现象，恰恰相反，而是在自然现象、社会现象和实践中发现数学的法则，明确提出数学教育的目的要强调应用。1902 年，培利发表著作《关于数学教育的讨论》（Discussion on the Teaching of Mathematics ）进一步提出了一系列的改革方案，其中心思想是：

视频 1.1.3 三大运动之培利—克莱因运动

（1）强调数学的实用价值问题。

（2）要实行适应学生个性发展的个性教育。

（3）反对为了通过考试的数学教育。

培利的这些数学教育改革思想逐渐被人们所接受，存续两千多年的欧洲数学经典教科书《几何原本》第一次遭遇空前的挑战，在数学教育中欧氏几何一统天下的格局由此被打破，此后出版了许多不同类型的教科书，影响广泛，极大地提高了学生学习数学的兴趣，把 20 世纪的数学教育带入了一个崭新的阶段。

与此同时，慕尼黑工业大学教授，在椭圆函数论、微分方程论、几何学方面都有光辉业绩的德国数学家克莱因则积极主张数学、物理、工学内容一体化（统一起来）。数学家克莱因在大学任教期间，就一直关心数学教育，并给志愿当教师的学生开特别教育讲座。1904 年，他在德国自然科学会议上，发表了《关于中学数学与中学物理的若干问题》，也提出了类似于培利的数学教育改革措施：

（1）顺应学生心理自然的发展，安排教材，选取教材。

（2）融合数学诸分科，并且使数学和其他各门科学紧密相连。

（3）不过于重视数学的形式陶冶，应该把重点放在应用方面，培养学生用数学的方法观察自然现象和社会现象的能力。

（4）为培养这种能力，必须以“函数观念”和“直观的几何”作为数学教材的核心。

这些措施的要点是强调数学的应用性，教育心理研究成果的指导性，以及突出函数的核心性。这些全新的观念无疑给当时沉寂而落后的数学教育注入了新鲜的血液，推动了整个数学教育观的变更。由于这次数学教育的改革影响广泛，波及包括美国、日本在内的几乎所有的资本主义国家，在数学教育历史上是一次重要的数学教育观的转变，因此，人们把它称为培利-克莱因运动。

尽管在此后的二三十年间，数学教育现代化并无多大进展，但他们的主张却为 20 世纪 60 年代埋下了数学教育现代化的种子，给后来世界范围内的数学教育现代化带来了深远影响。

（二）“新数”运动

视频 1.1.4
三大运动之新数运动

第二次世界大战结束后，一些工业先进国家转入了经济恢复时期。由于生产发展、科学技术发展、数学科学自身发展的需要，使中学数学教育再也不能保持所谓传统的教学内容和方法了。特别是在 1957 年 10 月 4 日，苏联发射了第一颗人造地球卫星，使得自以为“世界霸主”的美国朝野震惊，深感教育的落后、科学人才的缺乏。美国认为出现这种“导弹差距”的根本原因在于数学教育的落后。于是，他们从数学教育改革入手，提出新数学运动——数学教育现代化。

1958 年春，美国成立了规模宏大的“学校数学研究小组”（School Mathematics Study Group，简称 SMSG），进行数学教育改革的研究工作，并动员全国的人力和舆论，致力于数学教育现代化工作。

对数学教育现代化运动的兴起具有决定意义的是 1959 年 9 月美国“全国科学院”在伍兹霍尔召开的一次会议。会上全面研究了中学数理学科的改革问题，提出了课程改革的四个新思想：

（1）任何学科主要是使学生掌握该学科的基本概念、基本原理和基本方法，这就是所谓结构思想。

（2）任何学科的基础知识都可以用某种方法教给任何年龄的学生，即所谓早期教育思想。

（3）以往教学只培养逻辑思维能力，而今后则应重视发现的能力，或称之为直觉思维的能力。

（4）学生学习的最好动机不是为了应付考试，而是对数学的真正兴趣，因而提出了教材的趣味性和教学方法的一系列问题。

这次会议还提出了数学教育的实用性要求。

1959 年 11 月在法国莱雅蒙召开了关于数学教育改革的国际会议。会议一致肯定了数学教育改革的重要性，并组织了一批学者编写理科学生用的“中学数学教育现代化大纲”。会上集中讨论了三个问题：

（1）新的数学思想。

（2）新的数学教育手段。

（3）教学手段的改革。

会后，西方各国纷纷组织了研究机构，开始形成了国际性的数学教育现代化运动。

1962 年在瑞典召开了国际数学教育会议，有 21 个国家报告了教学改革情况（1959—1962），引起了国际数学教育界的重视。同年联合国教科文组织在匈牙利的布达佩斯召开了国际数学教育会议，有 17 国参加，与会者互通情报，交流经验，对数学教育改革起到了推动作用。

数学教育现代化在 20 世纪 60 年代形成高潮，其中影响较大的是美国的“学校数学研究小组”（SMSG），他们集中人力，在几年之内编出了从幼儿园到大学预科的教科书、数学教师手册、各种课外阅读读物达百种之多。其中中学数学教科书为《统一的现代数学》。

英国的“学校数学设计组”（School Mathematics Project，简称 SMP）编写了从幼儿园到大学预科的《统一的现代数学》。美英两国的教材反映了当时现代化的思想。20 世纪 50 年代末至 60 年代这场以学校数学课程现代化为主要内容的数学教育改革运动波及全球，世界各地相继出现了新的学校数学教学大纲、新的数学教材，“新数学”的洪流在冲击着数学教学。人们称此运动为“新数”运动。

1969 年 8 月国际数学教育会议（ICMI）在法国召开第一次会议，有 37 个国家参加。自此数学教育改革问题提到了重要议程。该组织历次会议中心问题都是数学教育改革问题，它促进了数学教育现代化的进展。

20 世纪 60 年代世界范围内的数学教育现代化运动曾盛极一时，教师、学生、家长和社会各界人士都希望它取得“神奇的效果”。但是由于各种因素的相互制约，整个运动在某些地区受到挫折。一些地方上的中小学数学教学质量下降。到了 60 年代末 70 年代初，“新数”运动遭到猛烈批评，许多人提出了“回到基础”（back to the basics）的口号，批评主要有以下几点：① 学校数学应面向全体学生而不是培养数学家。② 抽象概念过早引入学生接受不了。③“新数学”忽视应用。④ 数学不能割断历史，传统数学是基本的，不能大量删除。⑤ 二进制之类的东西也不必人人都搞。总之，“新数”运动的高潮已经过去，但仍有人坚持试验，相信总有一天会取得成效。他们相信：“现代化的潮流是阻挡不住的。”

1980 年 8 月 10 日—16 日在美国伯克利举行第四届国际数学教育会议(ICME - 4)，会议对 20 年来的数学现代化的成败得失进行了分析和评价。会议总结报告认为，这次现代化运动的主要特征是在中学引进了现代数学的概念，使整个数学课程结构化。其特点是：

(1) 追求现代化。为追求现代化，在中学数学教材中放入大量现代数学内容，如集合、逻辑、群、环、域、矩阵、向量、概率、统计、计算机科学等；还使用了大量现代符号：如$\in$、$\cup$、$\cap$、$\subset$、$\Rightarrow$、$\forall$、$\exists$等。甚至在小学数学里也加进数的理论、简单的概率、统计、代数、函数等。

(2) 强调结构，追求统一化。不分算术、代数、几何等科，以集合、关系、映射、运算、群、环、域等现代数学观点把中学数学教材统一为浑然一体的逻辑内容。

(3) 采用演绎法，追求公理化方法。首先，它强调集合论，从小学就渗透集合的概念，同时强调数理逻辑的初步知识，把几何中的公理法搬入新教材，至于代数结构更是公理化的。这种做法，对培养学生的抽象思维能力和逻辑思维能力是有益的。

(4) 破欧几里得体系，简欧氏几何内容。现代化的主要目标之一是打破欧几里得体系。各国想尽办法力图用其他方法解决几何问题，如有的想用代数法、向量法、变换群的方法，有的想用测度理论。总之，企图改造欧几里得几何学，并删去其繁杂内容。

(5) 削减传统计算。认为大量的传统计算无助于加深学生对方法的理解。各国对计算的有关知识均有削减。

总结报告还认为，这次数学现代化运动取得了一些有益的成果：

(1) 出现了一些对数学和数学教育有远见、有洞察力、有影响的数学教育工作者，在一些国家里建立了合作机构来研究课程的发展。

(2) 大多数国家的中学数学课程形成了一个统一的整体，强调结构和原理。

(3) 在国际上，数学教育工作者活动的联络网已经形成。四年一届的国际数学教育会议使数学家、数学教育家、数学工作者之间的活动日趋活跃。

(4) 数学教育的大改革使得教师更加集中关注教育的成果。使教师经常研究教什么、如何教、如何学三者之间的关系和一些问题。

总结报告还认为，这次改革运动的主要缺点是：

(1) 增加的现代数学内容分量过重，内容十分抽象、庞杂，致使教学时间不足，学生负担过重。

(2) 强调理解，忽视基本技能训练；强调抽象理论，忽视实际应用。

(3) 只面向优等生，忽视了不同程度学生的需要，特别是学习困难的学生。

（4）对教师的培训工作没有跟上，使得不少教师不能胜任新课程的教学。

在教学实践中，人们也发现，“新数”过分强调公理化和严谨性，导致学生计算能力的削弱，同时由于大多数学生接受不了“新数”内容，因而认为推行“新数”的结果使得数学教育质量降低；由于贯穿“新数”教材的集合论，在实际教学中不过关，学生成天画“Venn 图”而不知道这些图有什么实际意义。“新数”过多地将大学数学移植到中学里，在数量和质量上都超过了合理的范围，这样在实际教学里就产生了许多形式主义的现象。

20 世纪 70 年代以后，对“新数”运动的批评愈演愈烈，“新数”运动的力量已呈现出强弩之末的态势。再加上广大学生家长对于陌生的“新数”运动也感到迷惑，有的家长虽然有大学文化程度却难以对孩子进行有效的辅导，这就使得“新数”运动丧失了社会支持。

虽然“新数”运动的实际效果与人们当初的期望大相径庭，但是如此得出“新数”运动是一场从哲学观点到教育观点都完全是错误的失败的运动，这可以说是一种轻率而不负责任的评价。在 20 世纪 70 年代，虽然有人提出“回到基础”的口号，但是人们毕竟已不可能回到旧数学的基础。实际上作为产生“新数”运动的几项社会原因，在今后仍需要人们努力继续解决，和任何事物一样，数学教育改革的进程必然是艰难的，暂时的曲折并不能说明改革的不必要，历史将会证明，数学教育现代化的潮流将滚滚向前！

（三）“数学大众化”运动

视频 1.1.5 三大运动之数学大众化运动

20 世纪 80 年代以来，在吸取了“新数”运动的深刻教训后，通过多年“回到基础”的“抚平创伤”，“数学教育面向大众”成了明智的选择。1983 年在华沙国际数学大会的数学教育委员会上，德国数学家达韦诺夫首先提出这一口号，产生了世界范围的反响，联合国教科文组织由此提出了“为大众的科学（Science for all）”的口号。1986 年国际数学教育委员会（CM）在科威特召开了“90 年代的学校数学”专题讨论会，把“大众的数学”（Mathematics for all）列在首位，并出版了由豪森等人编辑的总结报告——《90 年代的学校数学》。

“为大众的数学”这一口号已深入人心，其影响将延续到 21 世纪。世界各国都在这一潮流的推动下积极行动。美国全美数学教师协会（NCYM）于 1989 年 3 月出版了一本 258 页的文件《中小学数学课程与评价标准》，旨在促进改革，提高质量，使就学的中小学生适应 21 世纪的生存需要。德国统一以后，巴伐利亚州学校用书出版社出版了一套教材，由德国文化教育部长会议制订数学教学目标与建议总原则，供一些州使用，在德国影响甚大。1982 年英国政府文书部正式出版了《科克罗夫特报告》，这是英国政府组织的“学校数学教育调查委员会”经过三年的广泛调查，研究了当代英国中小学数学教育问题，以该委员会主席科克罗夫特（Cockeroft）博士的名字命名，向英国政府提供的一份报告。它不仅是英国公认的 20 世纪 80 年代数学教育改革的纲领性文件，在国际上也具有很大的影响。20 世纪 90 年代初，苏联全苏中小学教育科研委员会数学组就中小学教育改革提出了一份《关于发展中小学数学教育的若干观点》的报告后，因为苏联解体而未及实行。我国则在大力提倡普及九年义务教育的同时，提出从“应试教育”向“素质教育”转变的观点，“教育面向世界，面向未来，面向现代化”已成为数学教育的改革方向。

“为大众的数学”这一口号就数学教育而言，蕴含两层意思：其一是数学教育必须顾及所有人的需求，使每个人在数学教育中得益；其二是指不同的人可以达到不同的水平，但数学教育存在一个人人都能达到的水平。随着“为大众的数学”思想的兴起，下列问题是亟待解决的：

（1）数学是否应以为大众的课程保持其核心地位？

（2）什么样的数学课程才符合大多数学生的需要？

（3）如何根据不同的需要有效地区分学生和课程？何种程度的区分是需要的和可能的？

（4）如何理解数学教育的“机会均等”与“各取所需”的矛盾？

“为大众的数学”作为国际性的思潮，不仅对数学课程的设计提出了新的要求，而且将对整个数学教育产生深远的影响。“数学大众化”运动反映了数学精英教育向数学大众教育的转变，标志着数学教育观的又一次重大转变，它使我们的数学教育变得更加成熟和更具理性，也更符合现代社会的发展趋向。“为大众的数学”任重而道远，会遇到种种阻力，也会产生新的问题，遇到新的挑战，但是数学教育观念的不断更新将是一种永恒不变的规律，也许将来还会再一次出现数学教育领域中的改革运动，那应该也是一次数学教育观的转变，是数学教育的又一次历史的进步。

四、我国数学教育的特点

我国的数学教育发展起步比较晚，19 世纪中叶，随着国门“被打开”，近代教育理论和教育制度于清同治年间跟随西方文化意识涌入中国，后来逐渐建立各学科的教学法，也包括数学教学法。

新中国成立以后，我国高师院校数学教育专业开设了“数学教学法”课程，其研究对象主要是中学数学的讲授方法。基本上是照搬前苏联的做法，其表现特点是典型的“教学原理加数学例子”。

到 20 世纪 60 年代，随着经济的发展，社会对人才培养的技能规格有了新的要求，数学教育不再是以传授知识和培养技能为主要目的，而应是通过传授知识去开发学生的智力、培养能力，使学生得到全面的发展。由于数学教学目标的转变，数学教学法的研究对象和任务也相应地得到扩展，除了研究中学数学的讲授方法外，还要研究对教材的分析，研究对学生数学能力的培养等问题，于是，进入 20 世纪 80 年代，“数学教学法”课程就发展为

“中学数学教材教法”。

而后，数学教育目标进一步扩展，提倡在数学教学活动中，突出发展学生的思维能力，而且在“大众数学”的意义下，全面提高学生的数学素质，即数学教育不再是以少数学生的升学作为主要目标，而是以提高全民的数学素质为宗旨，这又给数学教育的理论研究提出了新的课题。要使数学教育面向大众，同时又要充分地发挥数学教育的功能，就必须研究学生的数学学习心理，研究数学的课程理论。

由此，到了 20 世纪 80 年代末期和 90 年代，“数学教育学”应运而生。期间，各种各样的以数学教育研究为主题的讨论班、学习班、研讨会在全国各地频繁展开，而相应的专著和教材也是层出不穷，可谓遍地开花。

说到中国数学教育的特点，离不开中国教育的三个关键词：减负、素质教育、新课程标准。

在 21 世纪之初，中国教育改革风起云涌。1999 年 6 月，中共中央国务院率先作出《关于深化教育改革全面推进素质教育的决定》；2000 年 1 月，教育部发出《关于在小学减轻学生过重负担的紧急通知》，“减负”的呼声再一次响起；与此同时，教育部于 2001 年 5 月发布《积极推进中小学实施素质教育的若干意见》，“素质教育”受到全社会的极大关注和期待。

正是在这样的教育改革的热烈氛围的渲染下，新课程改革很快就拉开了序幕。2001 年 5 月国务院发布《关于基础教育改革与发展的决定》，2001 年 5 月教育部发行关于印发《基础教育课程改革纲要（试行）》的通知，各地从此进入了如火如荼的新课程改革的全国大试验。时至今日，也有十多个年头了。数学教育也在我国教育改革大背景下，进行着自己的试验、研究和探索。

第二节　数学教育的研究对象及基本特征

一、数学教育的研究对象

数学教育的研究对象指向数学教育领域中的所有内容。主要包括研究整个教育系统中的数学教育现象，揭示数学教育规律这两个方面。具体地说，本课程的目标是中学数学教学中的教学过程、学生的学习过程及教材研究，除此之外，还要涉及其他直接相关的内容。当然，我们还可以把《数学课程与教学论》的研究对象进一步分解成下列几个方面去研究：

视频 1.2.1
数学教育学研究主要内容

（1）教学目的（为什么教）；

（2）教学对象（教谁）；

（3）教学内容（教什么）；

（4）学习方法（如何学）；

（5）教学方法（如何教）；

（6）教学评价（效果如何）。

从中学教育的总目的出发，结合数学科学特点及它在现代科学、技术和生产中的地位和作用，根据中学生个性发展和年龄心理特点的发展，首先，必须确定中学数学教学的目的和任务。其次，依据目的和任务，可确定教材内容，并且可依据教材内容和学生思维活动水平选择适宜的教法。学生学习效果的优劣，直接影响下一步教师的教学和学生的学习，因此对学生学习质量的测试与评估亦不可忽视。

20 世纪以来，随着科学技术的迅猛发展，社会对数学教育提出了新的、更高的要求，因而世界各国对数学教育，特别是中小学数学教育的改革都进行了不同程度的探讨，而且这种不仅是在理论上而且将理论付诸实践的数学教育改革不断深化和发展。

从理论上看，数学教育的研究对象已形成了包括数学教学论、数学课程论、数学学习论、数学方法论、数学思维论、数学教育测量与评价等以数学教育为中心的学科群。数学教育，已成为学科教育研究中最活跃的学科之一。相应地，数学教育类的课程正在不断地改革、充实和完善。

关于数学教育的研究对象，目前尚无统一的定论，比较趋于一致的观点是：数学教育的研究与实践应包括数学课程论、数学学习论和数学教学论等三个部分。这种观点是由德国学者鲍斯费尔德在第三届国际数学教育会上提出来的，后来美国的汤姆·凯伦在一篇题为《数学教育研究——三角形》的文章中将其发展，把课程、教学、学习比作三角形的三个顶点，构成一个紧密相连、彼此渗透和交织的三角形。

数学教育的主要研究内容可以概括如下。

（一）数学课程论的内容

1. 数学教学内容

即教什么内容，为什么要教这些内容等问题，涉及数学教学内容的选择和编排。显然，这就必须研究数学课程与社会的关系、与数学教育价值的关系以及与学生认知水平的发展关系等，研究如何处理好数学课程与社会、知识、学习者之间的协调性，使这几方面得到和谐统一的发展。

2. 数学课程的发展

了解数学课程发展历史，揭示课程演变的某些客观规律，对目前的数学课程进行修正和对未来的数学课程编制做出正确决策。

3. 数学课程的评价

进行新课程教学实验，研究课程目标，建立评价体系，检验课程实施结果等，给课程改进和新课程的编制提供依据，同时还可促进教学方法的改革和发展。

（二）数学学习论的内容

1. 数学学习的心理规律

包括数学概念、命题、问题解决的学习心理过程；技能的获得与应用；数学认知结构与迁移；数学学习中的非智力因素等。

2. 数学能力与数学思维

研究数学能力的结构与成分；数学能力与一般能力的关系；数学能力的培养途径；数学思维的分类、过程及方式；数学思维能力的培养等。

（三）数学教学论的内容

（1）数学教学的目的和任务。

（2）数学教学原则。

（3）数学教学过程、教学组织形式以及教学手段等。

（4）数学教学方法。

（5）教学效果的检测与评价。

从上述的学习内容可以看出，数学教育与数学、哲学、教育学、心理学、逻辑学以及其他现代边缘学科如信息论、控制论、社会行为学等学科密切相关，具有明显的综合性，但这种综合性并不是将这些学科的一些内容随意地、简单地加以拼凑与组合，而是从数学与数学教育的特点出发，运用各个相关学科的原理、结论、思想、观点和方法来研究、解决数学教育本身的问题。因此，从这个意义上讲，数学教育研究已经自成一体、相对独立，有着自己特定的研究对象和特殊的研究方法。

二、数学教育的基本特征

数学教育虽然只是整个教育领域中的一个分支，但是由于数学教育涉及范围广，参与人员众多，社会影响力大，它的一些改革举措往往备受关注，因此可以说数学教育已经成为了一种社会文化现象，所以对数学教育本身的特点的分析和把握显得非常有必要。综合多数研究者的看法，一般认为，数学教育具有综合性、实践性、科学性和教育性等基本特点。下面对这些基本特点作一个简单的介绍。

（一）综合性

从学科结构上看，数学教育学与众多学科相关，是多门学科的交叉学科，因而这些学科的部分理论、思想和方法可以引入数学教育学，作为其基本的理论基础。

同时，数学是数学教育的具体内容，数学学习是一个特殊的认识过程，这是由数学本身的特点决定的，因而，数学教育学要研究中学数学课程的结构、教学原则、教学方法、学生学习以至教学全过程，必须立足于数学专业知识和教育理论。因此，数学教育学是一门理论性、综合性的学科。

当然，这种综合性也是有一定层次结构的。第一层次包括信息论、控制论、社会行为学、文学语言、艺术修养、社会伦理等，称为人文通识修养层面，是最为广泛的基础支撑。第二层次以教育学、心理学为中心内容的现代教育理论以及相关内容，称为教育通识修养层面，涉及面相对窄一些，专业性强一些。第三层次以数学、哲学、逻辑学为主要内容的学科专业理论，称为学科通识修养层面，涉及面相对更窄一些，也更为专业化一些。这样的综合层次结构如图 1－1 所示。

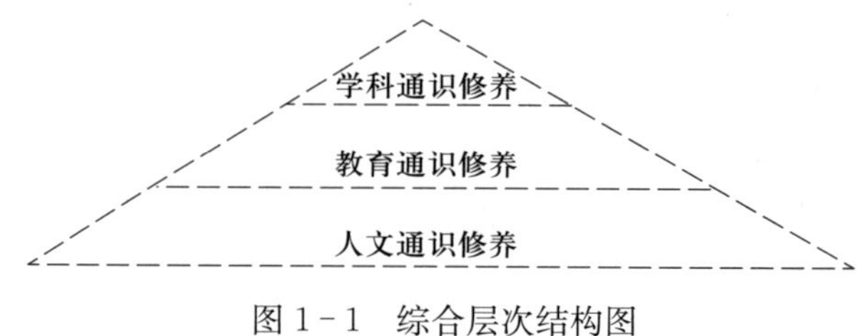

图 1－1　综合层次结构图

（二）实践性

教学是一种实践，这就决定了数学教育学是一门实践性很强的理论学科。

首先，数学教育理论是以广泛的教学实践经验为背景，在实践的基础上产生和发展起来的。数学教学实践是数学教育学的根基，离开了教学实践，数学教育学就成了无源之水。因此，数学教育学要制定教学目标、评价体系等，都必须经过实践，在实践的过程中积累经验，再总结和概括出理论体系，所形成的理论又必须经受实践的检验。此外，数学教育学还需要以试验为基础。课程教材的改革、新教学方法的使用，都必须进行试验，经过验证、修订后，再加以推广。“新数”运动由于受潮流的推动，未经实验就推广，缺乏实验依据，结果遭受挫折。这一历史教训再次表明了数学教育研究必须立足于实践。

其次，数学教育学又要反过来去指导实践，服务于实践。由于数学教育学是由若干数学教学经验的积累，再经过实践的检验，去伪存真而逐步形成和发展的，因此，这些理论就可以在一定意义下去指导新的数学教学实践。

（三）科学性

科学性是任何一门学科最基本的特点。数学教育理论的内容和方法是随着社会的发展、时代对教育提出的新的要求以及科学技术和教育科学研究的发展而不断充实和改进的。

数学教育的一般规律是客观存在的，然而揭示这些规律的方式又不唯一。就教学论而言，根据教学原理对教学提出的教学原则就有几十种之多，由于人们认识的角度和深度不同，对同一个问题就有可能有多种不同的看法，但目标却是相同的，都是为了以明确的方式去揭示数学教学规律，使教学过程最优化，使数学教育的功能得以充分的发挥。事实上，这也就决定了数学教育必须随着人们认识客观事物的逐步深入而不断发展。

数学教育理论和实践的发展性，还体现在它们受到科技发展水平的制约这一方面。例如，人工智能理论的崛起，直接促进了现代认知心理学的理论研究，从而也就扩展了数学学习心理学的研究领域。计算机被广泛用于辅助教学，这就使对数学内容的选择、教学方法的改革和教学形式的更新诸方面都必须作相应的重新认识和深入研究。

数学教育研究还要体现科学的态度。严谨、求实、实证的科学理念将是研究数学教育的重要保证。浮夸风气、盲目跟风、空洞说教等陋习被人们所摈弃，在数学教育的研究领域也逐渐失去了它们的市场，这是一个令人欣喜的现象。

（四）教育性

教学具有教育性。人是教育的对象，这就从根本上决定了数学教育学的教育性。首先是由于人才观的不断更新带来数学教育学课程在人才培养观念上的变化，例如，原来的计算型人才向应用型人才转变，传统的知识型人才向能力型人才转变，伴随着社会的发展，单纯的研究型人才也需要向创新型人才转变。其次是现代教育的形态变得愈加多样，教育的形态表现得更加开放，这使得数学教育学课程本身应该接纳来自各类专家和各个不同领域的学者的建议和观点，博采众长，同时也要积极开展地区之间、省域之间和国家之间广泛的合作与交流，从而不断地适应社会对数学教育提出的新的要求。所以应对课程安排、教材编写、教学设计、学习指导等各个教学环节进行认真的研究，以达到教书育人的最佳效果。

第三节　现代数学教学的基本特征及其主要影响因素

一、现代数学教学的基本特征

（一）学生认识的主体性

把学生视为数学教学认识的主体，努力发挥学生的主体作用，发展学生的主体性，这是现代数学教学的一个突出特征。也就是说，现代数学教学充分体现着学生认识的主体性。

（二）教学目标的多维发展性

教学目标是关系到数学教学工作方向的大问题，是数学教学工作的出发点。现代数学教学努力面向全体学生，它关注的是人的身心全面发展。教学目标的多维发展性又是动态的，是一个朝着全面性前进的多维性。

（三）教学内容的整合性

数学教学内容是数学教学目的的具体化模式，是实现教学目的的依托。现代数学教学要培养全面发展的个人，就需要不断整合人类文明的成果，不断更新、丰富教学内容，从而给予学生全面的教育。

（四）教学模式的多样性

在现代数学教学的发展过程中，人们对教学模式进行了长期不懈的探索，使得教学模式总体呈现出日益丰富多样的态势。在数学教学改革中，不是简单地以一种教学模式取代另一种教学模式，而是要结合具体问题寻找教学模式的总体丰富和全面优化。只有立足于教学模式的总体丰富，教学改革才能成为促进教学体系螺旋上升的力量。正是由于教学模式丰富多样，教师才能在比较和综合的基础上优化教学模式，教学改革才能“百花齐放”，为教学带来生机，为学生全面发展提供有力的支持。

（五）教学手段的先进性

教学手段是教学活动中所使用的媒体、工具和设备，它是教学活动得以有效开展的重要物质条件。在现代社会，现代教育技术在数学教学中的广泛应用，丰富和提升了数学教学手段。

（六）教学评价的全面性

教学评价是教学活动的重要环节。教学评价具有教学和管理双重功能。在现代数学教学中，教学评价要通过教育测量、日常行为观察、作业作品和专门调查等方式获取有关评价所需的信息，对学生学习整体作出评价。

二、影响数学教学的主要因素

视频 1.3.1
教育观（教育功能）

（一）数学观与数学教育观

对数学教育的研究，我们必须关注数学观和数学教育观。两者分别是对数学和数学教育在理念高度和视野宽度中的审视，是对数学和数学教育在宏观形态上的把握，是一种意识、一种态度的表达，它们的影响力对数学教育的辐射作用日趋明显。与此同时，数学观和数学教育观两者本身是密切联系的。首先，数学教育必须反映数学内在的规律。其次，数学教育毕竟是为数学的发展和数学的应用服务的。完整的数学观对数学教育的引导作用是显而易见的。反过来，先进的数学教育观也为数学的发展和应用指明了正确的（即符合社会进步和主流趋势的）方向。

数学教育的发展史表明，数学教育改革的焦点一直是在数学课程的改革上。但这只是一个表面现象，在其背后存在着数学教育观的转变这条主线，历史上每一次重大的数学教育的改革运动都与数学教育观念的变革紧密相关。前面我们所介绍的数学教育历史上多次风起云涌的数学教育改革运动，展示了人们数学教育观的不断转变和更新。而且，这些改革运动的成果对数学、数学教育、科技发展乃至社会进步都带来了深远的影响。由此可见，数学教育观左右着数学教育的数学学科属性。

另外，人们对数学的看法其实是各不相同的，可谓是仁者见仁，智者见智，但从数学整个发展历史过程中，不同国家、地区在各个社会历史发展时期表现出来的对数学的看法，亦有几种较为典型的代表，我们把这些观点加以汇总称为数学观（the view of mathematics）。完整的数学观将引导数学教育的正确走向，同时也能够突出数学教育的数学学科特点，但是，鉴于我们对数学观的研究还不够深入，下面只是对几个有代表性的类型作一个解释。

1. 数学的哲学观

把数学看成是一门哲学，古而有之。数学要回答自然的本源问题，在这一点上与哲学的研究目的完全相同。其中比较有代表性的国家，一是古希腊，二是德国。

古希腊哲学鼻祖泰勒斯所创立的爱奥尼亚学派，致力于数学问题的研究，如测量金字塔高度，给出全等三角形公理等。毕达哥拉斯更是把他的哲学基础建立在“万物皆数”之上，试图用数（整数）解释整个世界，他心目中的哲学其实就是数学。后来的古希腊哲学家柏拉图、亚里士多德等，也无一不和数学结下不解之缘。可见，在古希腊数学和哲学是融于一体的，不分彼此。

德国在文艺复兴之后，重新拾起古希腊先辈们所恪守的追求理性、严整的哲学精神，涌现出一大批哲学家如尼采、黑格尔、恩格斯等。在数学上，也同样继承了这样的风格，出现众多数学巨匠，同时创立了许多新的数学理论和分支。如高斯的《算术研究》，雅可比的椭圆积分，维尔斯特拉斯的解析函数论，狄利克雷级数，格拉斯曼的 n 维空间，库默尔的理想数，里斯丁的拓扑学，黎曼几何，戴德金分割，康托尔的集合论，希尔伯特公理体系等，不胜枚举。从这个层面上讲，与其说德国数学家在研究数学问题还不如说他们在思考哲学，至少他们是在哲学的高度上去勾勒数学的线条，用哲学的观点来刻画数学的思想。

2. 数学的科学观

数学的出现和发展，是因为它的实用性。数学能够解决生活实际中的问题，科学也一样。后来由于数学研究的特殊性，数学便从自然科学中分离出来，成为一门独立的科学。但是科学的一些主要特征依然保存下来，如实用性、创造性等。因此，许多国家一直以来都是把数学归为与其他自然科学一样的科学类型，甚至直接认为数学也是一门自然科学，数学的科学观因此而形成。

3. 数学的艺术观

艺术具有两大基本要素，一是丰富的想象力，二是独特的表达方式。数学也是如此，首先，数学活动就是创作活动，靠的是（思维上的）想象，没有这种想象也就没有数学。其次，数学是在以字母符号为主体的数学特有语言上进行想象、思考和创造的，无论是数学过程还是数学结果，其表达方式独具特色，自成体系。因而，人们把数学看成是一门艺术，数学的艺术观因此而提出。

无论是古希腊毕达哥拉斯学派的“毕达哥拉斯音阶”，达·芬奇的加减符号（+、−）和几何研究，闵可夫斯基的“时空”观念，还是近代英国牛津大学数学讲师刘易斯·卡罗尔对儿童文学的突出成就，都体现了数学的艺术观。

法国数学家在数学艺术观方面具有一定的代表性。如笛卡儿的解析几何、笛沙格的射影几何、费尔马的数论等。

4. 数学的文化观

在数学的早期研究阶段，人们往往只是把数学看成是一种简单的工具，一个临时解决某个个别问题的手段。随着数学的发展，数学的结果（特别是它的思想方法）逐渐渗透于人们的日常生活和社会行为之中，其影响力不断扩大，数学也逐渐融合于各国的文化体系之中。如古希腊数学融入了它的哲学思辨、逻辑理性的文化；中国古代的数学也带有明显的“治理”“统治”的封建政治文化色彩；而在法国，数学早已被打上了浪漫主义的、自由开放的文化烙印。但真正把数学作为一种文化来对待，把数学活动当成一种文化传播的行为，美国则表现突出，上述提及的“数学大众化”运动在美国率先发起，就是一个例证。

综上，我们“轻而易举”地从多个维度（哲学、科学、艺术、文化）来观察数学、谈论数学和看待数学，说明数学的姿态是“开放”的，数学的内容是广博的，数学的思想是精深的，所以，数学教育的学科性也恰恰体现在数学观的这种广博性之上。

视频 1.3.2
数学是什么

（二）数学和数学的特征

数学是什么？数学具有什么样的特征？这些看似简单的问题，在数学界至今却没有一个统一的回答，说法各异，存在着很大的争议，这是一个颇具意味的现象。产生这一现象的原因多种多样，既可能是认识方式上的，也可能是认识角度上的。但值得关注的是，以静态的观点看待数学及其特征，还是以动态、发展的观点看待它们，两者区别明显，由此得出的结论也迥然不同。事实上，对这两个基本问题做出一个统一的、完满的和最后的回答已经没有任何意义，而通过分析若能使大家对数学及其特征有一个更为深刻的认识才是对数学研究和数学教育研究都有益的事。为此，下面就这两个问题作一个一般性的分析。

1. 数学是什么

对于数学研究的对象问题，从历史来看，以古希腊为代表的西方数学，其研究的对象可以说是“数”（数的性质）和“量”（几何量）这两大基本对象，这两大对象因古希腊数学家欧道克斯将数与量人为地分离而产生，曾被人们比喻成数学的两条腿，也可以说，数学正是迈着这两条坚实有力的“腿”由古到今一路走来的。而以古代中国为代表的东方数学，其研究的对象则是“数学问题”，这些问题既可以是数学内部本身的，但更多的是现实中的实际问题，对于这些问题的研究和解决，使人们更为深入地理解了数学，促进了数学的发展。因此可以说，数学的研究对象，从内部来说是数与量，从外部来说则是问题。

恩格斯在《反杜林论》中曾经给出一个经典的数学定义：数学是一种研究思想事物（虽然它们是现实的摹写）的抽象的科学。纯数学的研究对象是现实世界的空间形式和数量关系。

随着数学的发展，数学的研究对象——空间形式和数量关系已经远远超越了“现实世界”的范围，表现得更加抽象化和非现实化，例如 n 维空间、向量、矩阵、群、环等研究对象很难再回到现实世界中加以复原描绘。因此，人们普遍认为恩格斯这一经典的数学定义仅仅描述了 19 世纪以前的数学发展状况，而不能涵盖 20 世纪以来数学研究的新变化。

为此，人们提出了多种对数学的描述，如有人在恩格斯所作定义的基础上，根据数学发展变化的情况认为，数学的研究对象是“现实世界包括非现实的、想象的空间形式和数量关系”。也有人由布尔巴基学派的结构思想提出“数学是研究结构的科学”。随着对数学模型的广泛研究，有人也提出“数学是模式的科学”。同时，有学者指出，凡是要研究量、量的关系、量的变化、量的关系的变化、量的变化的关系的时候，就少不了数学……所以，数学还研究变化的变化，关系的关系，共性的共性，循环往复，逐步提高，以至无穷。因此，从现代数学来讲，数学是研究量和量变的科学。其中纯数学是研究纯粹的量的科学，它是数学的基础部分。

无论怎样刻画数学，数学自在我们心中。当我们多谈论一点数学，数学就离我们更近一点，也许我们不能达到数学的彼岸，但我们可以“无限接近”数学。数学离我们并不遥远，它就在我们的周围，就在我们身边。

2. 数学的特征

因为人们对数学的研究对象看法不一，所以在对数学特征的把握上也得出各不相同的结果，数学到底具有什么样的特征，也是众说纷纭，莫衷一是。但是在数学教育领域中，对这一个问题的探讨显得非常有必要，因为只有正确而完整地把握数学的特征才能更好地发现数学教学的特点，才能掌握数学教学的内在规律，提高教学效果。因此有必要在这里首先对数学的特征作一番分析。

通过上述对数学观的剖析，我们可以说数学既具有哲学和（自然）科学的一些基本精神，也具备艺术和文化的一般特征，这些都是数学和其他科类都具有的共同特征，属于共性。这类性质是属于第一层次的，我们把这类性质称为数学的普遍性质。

同时，在数学教育界，我们曾经给出数学的三大性质，那就是抽象性、严谨性和应用的广泛性。其中抽象性是指数学理论具有抽象化的特点，严谨性是指数学理论的表达缜密，逻辑性强，严谨而无任何纰漏，而数学应用的广泛性是有目共睹的。但是许多专家和学者对这个传统的数学三大性质提出了一些质疑，如提到抽象性，认为“抽象性并非数学所特有，各门学科都有抽象性，哲学则比数学更抽象”。提到严谨性时，认为严谨性不应该作为数学的特性，它实质上应该是各门学科都必须具备的共同性质。试想，一门学科如若连理论的严谨都做不到，那是绝对不能被认同的。对于数学的应用广泛性，我们认为，应用性应该是任何一门学科的生命线，也是所有学科的共性，只是数学的应用和其他学科相比更为广泛。

因此，很显然，这三个性质并不是数学所独有而其他学科所没有的特性，把它们作为数学的特征似乎不是很适宜，但这三大性质毕竟反映了数学的内在本质，所以我们把这三个性质归属于数学性质系统中的第二层次，把它们称为数学的一般性质。

然而，数学应该具有明显区别于其他学科的特征。

第一，形式化就是数学的一个重要特征。从数学的发展过程看，数学虽然来源于实际，但数学研究的对象却是把附着于具体实物或实际问题上的一些非本质的或者不是数学研究所关注的特征进行剥离后所留下的材料，那就是形式化的材料。例如，数学所研究的不是一只羊、一头牛或一匹马，而是它们共同具有的形式特性“一”，这是一种抽离了具体内容后而形成的抽象化的形态。正如恩格斯所说的：为要能够研究这些形式及其关系的纯粹情形，那么就应该完全把它们与其内容相分离，把内容暂置不管，当成无所可否的东西。

数学从哲学中脱离出来，形式化是一个重要的标志，形式化、模型化也是促进数学发展的根本基点，没有形式化就没有数学，没有模式化，数学也将失去活力。数学教育家辛钦曾提到：一切数学学科的决定性特点总是某种形式化的方法。著名的“七桥问题”就是由数学大师欧拉对其形式化后，抽象为“一笔画”的数学模型而得以解决的。M. 克莱因在《古今数学思想》中对牛顿的成就作了如此的描述：“但是，只有依靠数学的描写（即使完全缺乏物理的了解时也依靠它）才使得牛顿的惊人的贡献成为可能，更不用说后来的发展了。”因此，数学形式化特征所产生的力量是惊人的。

第二，策略性是数学的另一个重要特征。数学研究的中心是问题解决，数学的一切理论都是为这个中心服务的。这些问题可以是数学内部的，但更多的是数学外部的、是应用的。但是问题解决的关键是策略的运用，是方法的创造，是想象的发挥。数学的发展历程实质上就是方法的不断创造过程。阿基米德在解决抛物弓形的面积时采用了“穷竭法”，刘徽在解决圆的面积时采用的是“割圆术”，戴德金在定义实数时使用著名的“戴德金分割”法等，不一而足。所有这些都是策略的巧妙运用，方法的灵感创造。可见，数学是一门讲究策略，善于使用方法，不断创造和发现的科学。

第三，符号化是数学的又一个重要特征。数学语言是符号语言，是一种形式简洁、表达精确、广泛通用的语言。正是数学的高度符号化才使数学展现出其独特的魅力，在思维上提供给人们充分自由的想象天地，这好比给数学思维插上了翅膀，任其翱翔。难怪有人感叹道：数学要是不走上符号化的道路，任何的发展都是不可能的。伽利略说，宇宙大自然的奥秘写在一本巨大的书上，而这部书是用数学语言写成的。当然，其他学科语言中也有符号化现象，例如化学中使用的化学符号和方程式，逻辑学中使用的逻辑符号语言（实际上也是数学语言），经济学中使用的图表符号语言，但与数学符号语言相比，其符号化程度要低得多。

综观历史，数学的每一次进步都与数学符号语言的发展有关。符号常常比发明它们的数学家更能推理。公元 3 世纪丢番图发明的一套缩写符号使得初期代数的研究得以延续；16 世纪韦达等人创造的字母符号语言促使代数数学的长足发展；17 世纪费尔马、笛卡儿和莱布尼茨等创立的坐标符号语言为近代数学取得辉煌成就奠定了语言的基础；而后莱布尼茨的微积分符号语言，魏尔斯特拉斯的 $\varepsilon-\delta$ 语言以及康托尔的集合符号语言都为数学的发展作出了重大的贡献。

符号是数学的标志，是数学思想的唯一载体。

我们把上述这三个明显区别于其他学科的特征放在数学性质系统中的第三层次，把它们称为数学的固有性质。

综合前面的分析，我们把数学的性质分成三个层次，组成一个性质系统，分别由数学的普遍性质、数学的一般性质和数学的固有性质构成，如图 1-2 所示。

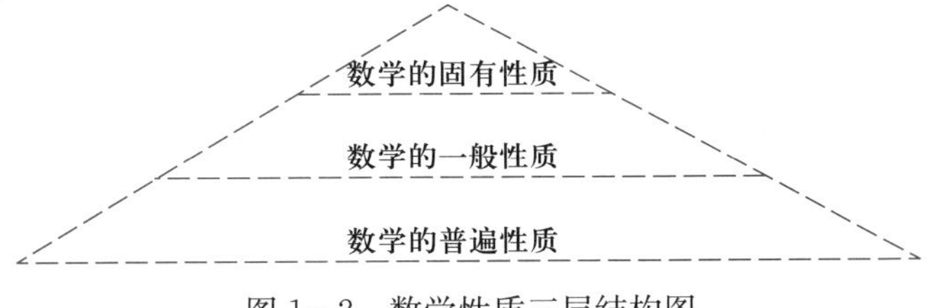

图 1-2 数学性质三层结构图

对数学性质作这样的结构分析是有意义的，因为，只有思考了数学和数学性质，才能进一步思考数学教育。

第四节　确定中学数学教学目的的依据

视频 1.4.1
确定中学数学教学目的的依据

中学数学教学目的的制订是依据党和国家对现阶段培养人才提出的总目标，中学教育的性质、任务、数学自身的特点及其在培养人才中所起的作用，以及中学生的学习基础、年龄特征来确定的。

一、中学教育培养人才的总目标和性质任务

在一定历史时期内，一定社会的教育方针集中反映了社会对人才的总要求，同时也规定着教育的性质、目的及实现目的的根本原则。

我国是社会主义国家，正在进行着伟大的社会主义现代化建设事业，需要大量高水平的专门人才，也需要大批高素质的劳动后备力量，教育是培养人才的事业。显然，中学数学教学目的应符合《中共中央关于教育体制改革的决定》中提出的培养人才的总任务、总目标。

我国现阶段实行九年义务教育制度。义务教育就是依据法律规定适龄儿童和青少年都必须接受的，国家、社会、家庭都必须予以保证的国民教育。这是为现代生产发展和现代社会生活所必需的教育，是现代文明的一个标志，也是我国适龄国民的一种权利和应尽的义务。

《中共中央关于教育体制改革的决定》中规定："我国广大青少年一般应从中学阶段开始分流：初中毕业生一部分升入普通高中，一部分接受高中阶段的职业技术教育；高中毕业生一部分升入普通大学，一部分接受高等职业技术教育。"这就指明了中学教育的性质和任务。我们在确定中学数学教学目的时，就要考虑到学生在毕业后升学与接受职业技术教育所必需的数学基础知识，基本技能和数学能力，同时还要照顾到我国存在着地区、城乡差别，既要有统一性，又要有灵活性。

二、数学的特点及其作用

数学的发展与人类社会的发展息息相关，数学在社会生产和日常生活中的应用广泛。同时，强调了随着数学与计算机技术的结合，数学在许多方面直接为社会创造价值。数学在社会发展和人们的生活中起着越来越重要的作用。数学以现实世界的空间形式和数量关系为其研究对象，它具有内容的高

度抽象性、逻辑的严谨性和应用的广泛性等特点。

数学具有以下几个作用：

(1) 数学具有发展学生观察力、注意力、记忆力和想象力的作用。

(2) 数学是培养学生空间想象能力和运算能力的好材料。

(3) 数学具有广泛的应用价值。

(4) 数学中充满着辩证关系，它的产生和发展体现唯物辩证思想。所以，数学是培养学生辩证唯物主义观点的好材料。

由上面的分析可以看出，数学具有发展智力，培养能力的积极因素，它为学生毕业后适应生活、就业、自学和进一步学习所必需，所以，中学数学是中学生在校学习的一门主要课程。确定中学数学教学目的必须考虑数学的特点及其在培养人才中所起的作用。

三、中学生的心理特点和年龄特征

学生在中学阶段的学习，必须以小学阶段的学习为基础。同时，中学阶段的学习也要为升入高一级学校的学习打好基础。所以在确定中学数学教学目的时，需要对小学、中学、大学的教学目的作全面考虑。一般来说，数学知识在大、中、小学中的衔接是容易做到的，而在学习方法、学习习惯等方面的衔接比较困难，尚需进一步研究。

视频 1.4.2
中学生的心理特点和年龄特征

中学生的年龄特征，是指青少年各年龄阶段身心发展的不同特点。思维发展心理学研究表明：思维发展，初中生主要以经验型为主的抽象逻辑思维；高中生主要以理论型为主的抽象逻辑思维。可见，抽象化程度较高的数学内容，对中学生来说还不能接受。所以，确定中学数学教学目的要依据中学生的年龄特征。

确定中学数学的课程目标，除了上述主要依据外，还要注意处理好以下几种因素之间的关系：数学与其他学科的关系，适应社会需求的继承和发展的关系，教育目标的统一性和多样性的关系，教学内容的理论与实践的关系等。

四、中学数学教学目的

中学数学教学目的，是指通过数学教学，在数学的知识和技能、智力和数学能力，个性发展以及思想品德等方面所应达到的目标。它既要反映新时代培养人才提出的要求和精神，又要符合中学生的年龄特征。中学数学教学目的，概括起来有三个主要方面的内容：一是掌握“四基”和培养创新能力；二是培养数学能力；三是形成正确的思想观点和良好的道德品质。其中“四基”将在第二章着重介绍，下面就其他两方面作简要讨论。

视频 1.4.3
中学数学教学的目的之双基

（一）关于数学能力

视频 1.4.4
中学数学教学的目的之能力培养和思想品德教育

数学能力是在学习数学知识和技能的活动中形成和发展起来的，并且主要是在学习数学活动和运用数学知识活动中表现出来的一种特殊能力。《义务教育数学课程标准（2011 年版）》提出培养学生发现问题、提出问题、分析问题和解决问题四种数学能力。

数学教学中要培养学生的这些能力，完全是由数学所研究的对象和它的特点所决定的。因此，这些数学能力完全可以通过数学知识的学习及其数学思想、方法的训练而形成和发展，反过来数学能力又为学习数学知识、提高效率创造十分有利的条件。可见，数学知识的学习与数学能力的培养是相互促进、辩证统一的，在教学时应注意有机结合。

（二）关于思想品德的教育

思想品德的教育是教育工作的灵魂。在各科教学中进行思想政治和道德品质教育是教育事业应当遵循的规律。因此，在进行中学数学基础知识教学和培养能力的同时，必须向学生进行思想政治和道德品质教育，使他们不仅在知识、能力上并且在思想品质上都得到提高和发展。当然，数学教学中的思想品德教育，应该根据数学的特点，与教学内容有机结合进行。

综上所述，中学数学教学内容的选择，要依据教学目的，同样也受着中学教育的性质、任务、数学的特点和中学生的年龄特征等的制约。

总之，在数学教学过程中要循循善诱，不仅教给学生数学知识，也给予思想上的点拨和启迪，逐步培养学生的科学态度和良好的个性品质，树立良好的思想作风和高尚的道德品质。

理解 · 反思 · 探究

1. 分别访谈1名新教师(教龄在3年内)、1名老教师(5年内即将退休)、1名中青年教师(教龄在10以上)，请他们分别谈谈对数学课程改革的看法，并请你谈谈你对这三位老师的看法。要求每组上交一份调查报告。

2. 查阅相关资料，谈谈你认为影响数学教育改革的因素有哪些，并请你谈谈应该如何应对。

3. 现代数学教学的基本特征是什么？请你结合实践谈谈影响数学教学的因素有哪些？

4. 数学教育的基本特征有哪些？你认为当前数学教育存在哪些问题？请你谈谈解决途径有哪些？

5. 你认为要成为一名优秀的数学教师需要哪些条件，谈谈你将如何准备。

拓展阅读导航

［1］弗赖登塔尔.作为教育任务的数学［M］.陈昌平，等，编译.上海：上海教育出版社，1995.

［2］弗赖登塔尔.数学教育再探：在中国的讲学［M］.刘意竹，等，译. 上海：上海教育出版社，1999.

［3］豪森，等.数学课程发展［M］.周克希，赵斌，译.上海：上海教育出版社，1992.

［4］吉尔劳梅.新教师课堂教学入门［M］.2版.杨宁，译.北京：中国轻工业出版社，2007.

第二章　中学数学教学设计的原理

要点提示

本章主要介绍中学数学教学基本概念，中学数学教学设计的基本特征、类型以及数学教学设计的基本步骤；同时，介绍了复杂性、系统化以及最优化等影响中学数学教学设计的一般原理，另外，还介绍了弗赖登塔尔的数学化、再创造思想，波利亚的解题理论以及中国数学教学双基理论，并阐述了从“双基”到“四基”的发展的教育价值和意义。

学习目标

- □ 了解中学数学教学设计的概念及其特征。
- □ 理解并掌握中学数学教学设计的类型及步骤。
- □ 理解影响中学数学教学设计的一般原理，并能在教学设计过程应用这些原理。
- □ 理解影响中学数学教学设计的特殊原理，并能在教学设计过程应用这些原理。

导入

一幢大厦要有一个好的蓝图，一台好戏要有一个好的剧本，一堂好课同样要有一个好的教学设计。在数学教学中，上课是教学的中心环节，然而，数学课堂的教学质量很大程度上取决于课前的一系列准备工作，即教学设计。教学设计是教学过程的基础，是教学各个环节的关键环节。正如数学特级教师孙维刚所说：“教学不是自然主义，随便怎样都可以达到目的的，而是在教学的每个环节、每个细节，都要周密思考、精心安排”。可以说，教学设计对数学教学质量起着决定性的作用。

教学设计，可以说是课本之外的“课本”，是教师实施教学的预设方案，凝聚着教师对教育的理解高度、教学的研修程度、教学的探讨深度和学法指导的广度，还渗透着对学生感情的浓度。一份优秀的教学设计，可以说是一项微型的教学“企划”，其价值不可低估。

任何教学，不能以所有的结论与教学预设完全吻合作为一堂课成功与否的衡量标准，也不能以学生的思维与教师的答案完全符合来判断教学是否有效的最高境界。

课堂教学是一个动态过程，有诸多不确定因素，因此，学“精神”，更要“神似”，而非单纯的“形同”。

第一节 中学数学教学设计概述

一、数学教学设计的概念

在西方，教学设计是20世纪60年代末形成于教育技术领域的一种现代教学技术。至20世纪80年代，以美国教育心理学家加涅等人提出的理论为代表的“第一代教学设计理论”已较成熟。20世纪80年代末，以情境教学、建构主义心理学与计算机多媒体技术（还有知识工程、人工智能）相结合的“第二代教学设计理论”开始兴起。在我国，教学设计研究起步较晚。大约在20世纪80年代中期，有学者开始涉足教学设计，相继翻译了一些有关的著作和论文。

20世纪90年代以后开始出版有关的研究专著。关于教学设计的定义，美国教学设计专家肯普在《教学设计过程》一书中指出：“教学设计是运用系统方法与技术分析研究教学问题和需求，确立解决它们的方法和途径，并对教学结果作出评价的系统的计划过程。”

我国教育心理学家皮连生认为，教学设计是运用现代学习与教学心理学、传播学、教学媒体论等相关的理论与技术，来分析教学中的问题和需要、设计解决方法、试行解决方法、评价试行结果，并在评价基础上改进设计的一个系统过程。

虽然上述对教学设计这个概念的定义不完全相同，但都蕴含着教学设计的本质含义：教学设计是一个分析教学问题、设计解决方法、对解决方法进行试行、评价试行结果并在评价基础上修改方法，直至获得解决问题的最优方法的过程。

教学设计这个概念不仅内涵丰富，而且外延宽广。根据系统论的观点，按照其研究的范围，教学设计从大到小一般可以划分为四个层次：以教学系统为中心的层次——教学系统设计，如一个新的专业的设立或一个新的培训项目的出台就需要进行教学系统设计；以一门课程为中心的层次——课程教学设计，如某个专业内一门课程的实施就需要进行课程教学设计；以一堂课为中心的层次——课堂教学设计，如某门课程内一堂课的处理就需要进行课堂教学设计；以教学媒体为中心的层次——教学媒体设计，如课堂教学中要使用的多媒体产品的研制就需要进行教学媒体设计①。由此，课堂教学设计是教学设计系统中的一个层面，是一个直接作用于师生心理和行为的层面，没有这个层面的科学设计，再好的教学设计也难以实现其价值。因此，课堂教学设计是教学设计系统中的关键层面。

教学设计是应用系统方法分析研究教学的问题和需求，确定解决它们的

① 沈建民. 课堂教学设计要关注并渗透学习策略. 课程·教材·教法 [J] 2002 (3).

教学策略、教学方法和教学步骤，并对教学结果作出评价的一种计划过程和操作程序。

教学设计亦称为教学系统设计。它把课程设置计划、课程大纲、单元教学计划、课堂教学过程、媒体教学材料等看成是不同层次的教学系统，并把教学系统作为它的研究对象。

教学设计作为一个系统计划的过程，是应用系统方法研究、探索教学系统中各个要素（如教师、学生、教学内容、教学条件以及教学目标、教学方法、教学媒体、教学组织形式、教学活动等）之间的本质联系，并通过一套具体的操作程序来协调、配置，使各要素有机结合，共同完成教学系统的功能。而且在系统计划过程中，每一个程序都有相应的理论和方法作为科学依据，每一步“输出”的决策均是下一步的“输入”，每一步又均从下一步的反馈中得到检验，从而使教学设计具有很强的理论性、科学性、再现性和操作性。

教学设计的结果或称教学设计过程的产物是经过验证，能实现预期功能的教学系统。它们可以是直接使用于教学过程，完成一定教学目标的教学资源，如印刷教材、音像教材、学习指导手册、测试题和教师用书等；也可以是对一门课的大纲与实施方案或对一个单元、一节课教学计划的详细说明。

教学设计是解决一系列复杂教学问题、寻找最佳解决方案的过程，必须由掌握教学设计基本技能的教师或专门人员来进行操作。

二、教学设计的特征

视频 2.1.1
中学数学教学设计的特征

众所周知，每一个教学设计者都会将自己对影响学习的原理与事件的理解以及如何最佳地安排教学结构的理解带到了教学设计过程中。但教学设计仍然有一些共同的特征：

（一）教学设计是以帮助学习过程为目的，而不是以教学过程为目的

《义务教育数学课程标准（2011 年版）》认为，数学活动是师生积极参与、交往互动、共同发展的过程。有效的教学活动是学生学与教师教的统一，学生是学习的主体，教师是学习的组织者、引导者与合作者。数学教学活动，特别是课堂教学应激发学生兴趣，调动学生积极性，引发学生数学思考，鼓励学生的创造性思维；要注重培养学生良好的数学学习习惯，使学生掌握恰当的数学学习方法。

我们认为，教学≠教授。课堂是交互的、动态的，教学如果只是讲授就不能考虑到学生自己的目标，也不能利用学生原有的经验。教授（instruction）是教学（teaching）的一部分。教（teach）一词指的是一个人向学习者讲授或者演示某些东西。教学是指教师为了促进学生参与学习活动而采取的一系列活动。具备教学设计原理知识的教师，采用什么举措来帮助学生更

有效地学习、具有更加广阔的视野，从而达到有效教学的目的，提升课堂教学质量。

教学设计的目标是目的的学习，而不是“偶然”的学习。也就是说，最终的教学目标和预期的教学结果指导着教学设计，指导着教师在教学设计过程中，如何选择学习活动的选择和设计。由此可见，教师对学习活动的选择取决于预期结果的类型。

学习是一个受许多变量影响的复杂的过程。卡罗尔在他的“学校学习模式”中至少界定了影响学生所能达到的学习程度的五个主要变量：① 学生的毅力；② 允许学习的时间；③ 教学质量；④ 学生的能力倾向；⑤ 学生的学习能力。这些变量不是无关的，一个有效的教学设计不能仅关注这些变量中的某一个。例如，如果不考虑学习者的学习动机及其在特定任务上的能力倾向，要想取得高质量的教学效果是不可能的。

（二）教学设计既有共性，又有鲜明的个性特征

在教学设计过程中，教学设计原理具有直接的指导价值，同时，也受教学设计模型的影响；与此同时，教学设计也可以是包括设计者、学科专家等组成的教学团队的智慧结晶。因此，教学设计具有共性。然而，既然是设计，就需要思考、立意和创新。因此，教学设计毕竟是教学设计者个人努力的结果，它深受个人的数学观、教育观以及学生的学习观的影响，带有明显的个性特征。

（三）教学设计具有反复性

我们认为，任何教学设计都不可能是完美的，而教学设计者只能使教学设计趋于完美。在教学实践中，通过学生对教学材料和活动进行检验，从而检验教学设计的有效性。通过检验、反馈，教学设计者不断地修改教学，从而使教学趋向完美。

（四）教学设计具有过程性

我们认为，教学设计本身就是一个过程，这个过程由许多可以操作的子过程构成。一般说来，教学设计应该包括确定预期的学习结果、设计教学活动、设计练习形式、评价以及反馈等过程。通过这些活动，教学设计将学生预期的学习结果、教学方法以及学生的评价联系起来。因此，数学教学设计是一个既要满足常规教学要求，又要进行个人创造的过程。

（五）教学设计具有多样性

我们认为，不同类型的学习结果需要不同类型的教学，而不同的教学，教学设计也存在着差别。在教学中，没有一种教授所有教学材料的最佳模式，适合于我们预期的结果类型的学习条件将影响着设计者对学习活动和材

料设计的思考。实践表明，教师的教学设计和教学决策对学生的学习有重要的影响，教师的教学行为也能促进学生的学习。

三、数学教学设计的类型

视频 2.1.2
教学设计的类型

我们认为，不同的学习结果需要不同类型的教学，不同类型的教学需要不同类型的教学设计。在数学教学中，数学教学内容是多种多样的，主要有：

（1）一个学习领域，如数与代数、图形与几何、统计与概率、综合与实践。

（2）一个具体学习内容，如函数、图形的认识。

（3）一个确定的课题，如一元一次方程。

针对不同的教学内容，教师应该选择不同类型的数学教学设计，一般来说，可以将数学教学设计分为以下几种。

（一）整体设计

作为一种特殊的数学教学设计工作，从事整体设计要做的工作自然还是“确立目标”“分析任务”“了解学生”“设计活动”“评价结果”这五个步骤。然而如前所述，整体设计涉及的教学设计对象都比较“大”，通常是一个学习领域，如某一学段的数、代数、几何或者统计等，而且与此相关的教学活动都是一个教学“系列”。所以，整体设计应当从相对应的教学设计内容的整体分析与定位开始。

（二）局部设计

局部设计主要针对学习内容是某个具体内容，例如认识图形或认识函数等。相对而言，这一层面的教学设计比整体设计要更加具体、明确，但又比单元设计要宏观、有弹性。我们认为，局部设计是实现整体设计的一个重要环节，局部设计必须遵循整体设计的基本思路，以实现整体设计的基本教学目标。同时，局部设计是指导单元设计的一个“纲目”，即规范相应部分单元设计的基本要素，也为不同的教学单元设计留有一定的创造空间。

（三）单元设计

单元设计主要针对学习内容是某个确定的课题，是最为具体的教学活动设计。单元设计的目的是为了研究一个特定的数学课题，或者一个具体的数学对象，如代数式、一次函数等。通常，这一设计所针对的数学对象多为一个概念、定理和法则，所涵盖的教学时间也多为几节课。

具体说来，单元设计的指向就是解决某个概念的认识、定理或法则的初步（或深入）理解、某个方法的意义（使用程序）的熟练掌握等教学问题。

四、数学教学设计的基本步骤

数学教学设计是一个系统性活动，由于教学任务或教学目标不同，数学教学设计又有多种类型。尽管如此，数学教学设计的基本过程大致相同，即明确教学目标，形成设计意图，设计教学过程。

视频 2.1.3
数学教学设计的步骤

在进行教学设计时，要从以下几方面进行考虑：

(1) 从学生角度来看，要思考：

① 他们现在学到了什么？

② 他们怎样学习的？

③ 他们喜欢学习什么？

④ 他们的兴趣和计划是什么？

⑤ 作为教师，你能给学生什么帮助和支持？

(2) 从教学目标来看，所期待的学生的学习成果是什么？

(3) 教学内容是什么？课程标准对该内容的要求是什么？

(4) 注意学习内容的衔接点，即学生学习该内容需要什么知识，以后还会学习什么内容？

视频 2.1.4
教学设计的一般步骤与教学设计的理论基础

(5) 为了什么目标，需要什么样的教学材料？

(6) 导入的最好方式是什么？

(7) 根据学生，应该选择什么样的教学方法？

(8) 这节课应该怎样结束？

(9) 如何评价学生？

总之，就一个完整的数学教学设计而言，各个步骤之间既有顺序关系，又有循环关系，如图 2－1 所示。

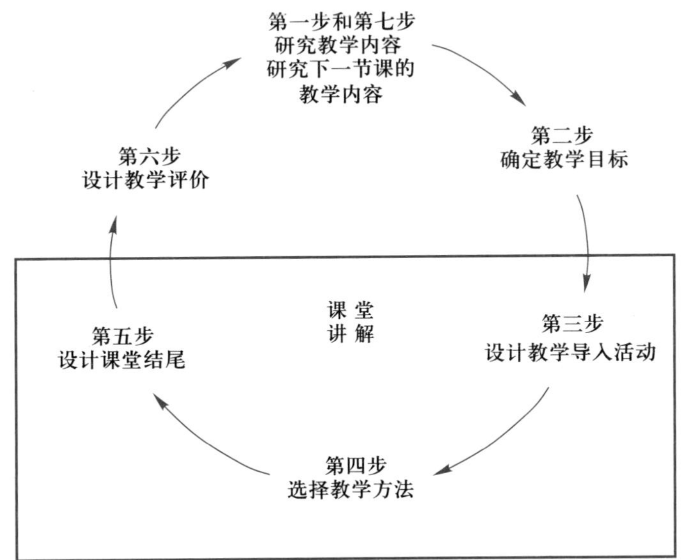

图 2－1　教学设计的基本步骤

第一步，研究教学内容。教学内容应该在研究课程标准以及教材内容的基础上，根据学生学习的实际情况来确定。

第二步，确定教学目标。目标是课程的灵魂，目标控制着课程，也控制着教学过程和学生活动，确定教育目标是课程开发的出发点。因此，教学设计的首要任务是确定教学目标。可以说，教学目标的选择决定着教学效果。如果教学目标本身存在着问题，那么围绕它进行的一切活动都将失去应有的意义。数学课堂教学必须根据数学课程标准设置的要求，针对学生的学习任务和学习现状，教师应该对数学教学活动的基本过程有一个整体的把握，合理地确定教学目标，明确通过一节课的学习，学生应该掌握的内容。

第三步，设计课堂教学导入活动。这一步骤主要是创设一种认知的情境，起着启发和引导的作用。

第四步，选择教学方法。在这一步骤中，应该在明确的教学目标的基础上，依据学生的认知结构和年龄特征、学习方式和课堂教学环境，选择一种适合学生学习的教学方法和教学策略，形成科学、合理、艺术化的教学设计。

第五步，设计课堂结尾。

第六步，设计教学评价。学生的学习是否达到教学目标，需要加以判断与界定，这就要求通过一定的方式、方法和手段，对构成结果的知识要素或最终的学习成效进行评价。

第七步，研究下一节课的教学内容。

第二节 数学教学设计的一般原理

教学设计必须适当注意学习发生的条件——包括学生自身的条件和外部的条件。反过来，这些条件又依赖于预期的学习结果的类型。下面简要介绍教学设计的理论基础。

视频 2.2.1
课堂教学复杂性

一、课堂教学具有系统性和复杂性的特征

复杂性思想产生于 20 世纪 40 年代，其产生的根源是由于自然科学理论思想发生了深刻的变化：从平衡到非平衡、从混沌到有序、从线性到非线性、从组织到自组织、从确定到不确定、从精确性到模糊性、从可逆性到不可逆性、从稳定性到不稳定性、从存在到演化、从一元世界到多元世界。①

虽然，目前还没有对复杂科学有一个明确的定义，但是，复杂科学的局

① 姜勇，何敏. 复杂性理论视野中的教师发展研究 [J]. 外国中小学教育，2006 (10)：25 - 29.

部原理已经得到社会的认同，人们已经利用复杂性思想来探讨、分析一些具体社会现象，解决一些具体问题。

教育现象是极其复杂的，它带有很大的不确定性。

复杂性理论为教育研究提供了新的思路、新的研究视角和方法。教育研究必须立足于教育实践，应用复杂性方法进行教育研究只能解决一部分教育问题，而且研究结论是否正确、合理，必须通过实践才能得以检验和修正。

社会、学校、家庭等诸多因素影响着学校教育，可以这么说，社会、学校、家庭等组成了教育系统。而教学只是该系统的一个子系统，因此，教学设计时必须考虑该系统的其他部分以及它们如何影响与学生表现有关的变量。以系统方式安排教学，同时注意每一教学设计阶段基础知识的一致性与相容性，我们称这种计划为系统取向。

而教学本身也是一个高度有序的系统，是一个有高度组织的多层次的复杂系统。教学具有主观性特点。教学系统的最基本的要素是活生生的人，人的极大能动性、主观性，使得教学具有主观性特点，对教学的把握、设计、控制与测评都不是容易的事。

课堂教学的构成要素：教（教师）、学（学生）、内容、评价、物理环境、课程资源等，适当组合这些元素，将形成丰富的可研究的视角。只有针对问题选择相关研究方法，才能将视角转化为研究问题，否则只能停留在经验总结上。

课堂教学表面上看似简单，但实际上，这是极其复杂的教育现象。它的复杂性不仅体现在教育的主体复杂多样，课堂系统内部纷繁变化，还体现在与课堂教学系统息息相关的外部环境的复杂性上。因此，运用复杂的思想研究课堂教学过程具有十分重要的意义。复杂思想可以为课堂教学研究提供方法指导，为教育研究提供宏观思路上的启示。

把教学作为一个系统来看待，这是现代教学的一个重要思想。也就是说，人们已越来越倾向于把教学视为由若干相互关联的要素组成的具有特定功能的复合体，即教学系统。而课堂教学的复杂性也需要数学教师用系统论的思想来进行教学设计。系统理论为教学设计提供了科学的研究方法。依据系统理论的思想和观点，不仅把教学过程视为一个系统，而且把教学设计也视为一个系统。系统理论主要为教学设计提供了系统分析方法。从系统理论所提供的思想和方法出发来研究教学设计，为教学设计打开了一个新的视角。因此，要用用系统论的观点研究课堂教学问题。系统的观点就是全局的观点，也就是说，在研究数学教师课堂教学时需要从教师、学生等角度去研究、分析教师的课堂教学行为。

二、课堂教学过程必须遵循最优化的原则

视频 2.2.2
教学过程最优化

（一）教学过程最优化原理

所谓最优化，就是系统的整体联系在活动中达到最适宜的有序状态。教

学过程最优化是指要全面考虑教和学两个方面及其所体现的系统，在教学过程整体联系的有序活动中是否达到了最适宜的有序状态。即从一定标准来看，对教学过程的控制，是否保证了最有效的作用。

教学过程的最优化是相对而言的。教学过程的最优化是指在一定的教学条件下寻求合理的教学方案，使教师和学生花最少的时间和精力获得最好的教学效果，使学生获得最好的发展。

教学过程最优化有两个基本标准。一是效果标准，即每个学生按学校所规定的任务，于一定时期内所能达到的教育、教养和发展方面的最高可能水平。一是时间标准，即合乎规定条件下的课堂教学和家庭作业的时间定额。因为提高劳动效果和节省时间是劳动的普遍法则，所以，效果标准和时间标准也是教学过程最优化的主要标准。

（二）教学过程最优化的基本方法体系

为实现教学过程最优化，巴班斯基提出了教学过程最优化的指导思想包括六个方法：

（1）综合地规划学生的教养、教育和发展的任务。

（2）研究学生并使教学任务具体化。

（3）使教学内容具体化。

（4）选择最合理的教学形式和方法。

（5）区别对待学生。

（6）采取专门措施节约时间，选择最优的教学速度。

教学过程不仅需要教师的活动，而且需要学生的活动，把教授最优化和学习最优化相应地融合在一起，从而保证教学过程的完整性。制订学习最优化的办法是教学过程最优化的重要特点。为此，巴班斯基制订了教学过程全部成分在内的教学过程最优化方法体系。

教学过程最优化概括起来，可以用表 2－1 表示。

表 2－1　教学过程最优化方法体系

教学过程的成分	教学最优化的办法	学习最优化的办法
教学任务	1. 综合拟定教养、教育和发展的最重要任务 2. 在研究学生实际学习可能性基础上把教学任务具体化	1. 接受任务并力争在自己的活动中实现这些任务 2. 考虑自己的可能，拟定“自己的任务”作为补充
教学内容	分出教学内容中主要的、本质的东西，努力保证学生掌握这些东西	把注意力集中到主要的东西上去，努力掌握本质的东西

续表

教学过程的成分	教学最优化的办法	学习最优化的办法
教学方法和手段	选择最能有效的解决相应任务的组织学习、刺激学习和检查学习的方法和手段	在学习中合理地自我组织、自我砥砺、自我检查
教学形式	选择全班的、小组的和个别的教学形式的最合理结合，进行有区别的教学	尽量发挥自己的长处，力求克服自己的短处
教学速度	选择最合理的教学速度，利用节省校内外和家里的学习时间的专门措施	合理使用学习时间，力求加快学习速度
分析教学结果	判明教学效果与学生的实际可能性和师生的时间消费标准是否相适应，力求提高最优化水平	对学习效果进行自我分析，把学习效果和自己的可能性作一番比较，评价使用时间的合理性，力求提高学习效率和消费时间的合理性

（三）教学过程最优化的实施

为实施教学过程最优化，巴班斯基提出了十个教学原则：

(1) 教学旨在综合解决教养教育和发展的方向性原则。

(2) 教学的科学性与实践性相联系的原则。

(3) 教学的系统性和连贯性原则。

(4) 可接受性原则。

(5) 激发学生积极的学习态度，形成他们的兴趣和对知识的需要的原则。

(6) 在教师指导下，学生在教学中的自觉性、积极性和独立性原则。

(7) 口述法、直观法和实践法、复现法和探究法，以及其他教学方法最优化的原则。

(8) 课堂教学和课外活动、全班教学、小组教学和个别教学等各种教学形式最优结合的原则。

(9) 为教学创造最优条件的原则。

(10) 教学成果、教育成果以及其他教学成果的巩固性和有效性原则。

三、课堂教学必须遵循最近发展区理论

维果茨基认为，儿童的教学可以定义为人为的发展，“学校教学是发展的源泉”。维果茨基为了正确解决发展与教学之间的关系，提出了一个全新

的概念——最近发展区。

维果茨基认为，儿童有两种发展水平：一是儿童的现有水平，即由一定的已经完成的发展系统所形成的儿童心理机能的发展水平，如儿童已经完全掌握了某些概念和规则；二是即将达到的发展水平。这两种水平之间的差异，就是最近发展区。也就是说，儿童在有指导的情况下，借助成人帮助所能达到的解决问题的水平与独自解决问题所达到的水平之间的差异，实际上是两个邻近发展阶段间的过渡状态。它的提出说明，儿童发展的可能性其意义在于教育者不应只看到儿童今天已达到的发展水平，还应看到仍处于形成的状态和正在发展的过程中。所以，维果茨基强调教学不能只适应发展的现有水平，而应适应“最近发展区”，从而走在发展的前面，最终跨越“最近发展区”而达到新的发展水平。他认为，教学依赖的是正在成熟的功能，而不只是限定在已经成熟的功能中。教学的可能性是由它的最近发展区决定的。从这个意义上讲，学校教学的任何学科总是建立在未成熟的基础之上的。

最近发展区是一种介于儿童看得见的潜在能力（能力）之间的潜能范围。教学应与儿童的发展水平相一致，这是通过经验而确立并多次验证过的事实。但在确定发展过程与教学的可能性的实际关系时，“无论何时外面都不能只限于单一地确定一种发展水平。我们应当至少确定儿童的两种水平。第一种水平是儿童现有发展水平，第二种水平是最近发展区”。学校教学和发展的相互关系就如同最近发展区和现实发展水平的关系。童年期的教学只有走在发展前面对发展加以引导，才是好教学。

教师只有将问题设在最近发展区内，问题既不容易也不很难，让学生“跳一跳”，然后摘到“桃子”，这样才能激发学生思考的积极性，才能有效地促进学生智力的发展。在最近发展区范围的问题的难度一般处在0.3至0.8之间。

此外，最近发展区是一个动态的概念。因为处于某一年龄阶段的最近发展区能在一定条件下转变为下一个阶段的现实发展水平，而下一个阶段又有自己的最近发展区。儿童今天在合作中能完成的事，到了一定时候便能独立解决。因此，维果茨基指出：“学校中教学和发展的相互关系好比是最近发展区和现实发展水平的关系一样。”

第三节 中学数学教学设计的基本原理

在教学设计前，我们必须遵循三条基本的学习原则：

第一，教师必须利用学生已有的前概念。

学生的任何学习都是在他们关于世界如何运作的前概念基础上发生的。在教学中，如果对他们所拥有的前概念没有充分考虑的话，那么他们很可能就无法掌握新的概念和信息。或许他们为了考试能够记住这些新知识，但考完以后又回到了原来的前概念。

第二，理解需要事实性知识和概念框架。

为了养成探究能力，学生必须：① 具有深厚的事实性知识基础；② 在一个概念框架内理解事实和观点；③ 对知识加以组织以便提取和运用。

第三，“元认知”的教学方法可以帮助学生通过确定学习目标及监控达成目标的过程，来学会控制自己的学习。

该原则将学生的学习从以往行为主义的记忆、练习、再现扭转到深刻理解、探究发现、自主建构与社会建构以及灵活运用、广泛迁移、注重能力的路径之上，它是学会认知、学会做事、学会共同生活、学会生存的学习理论。在此基础上，教学设计还要关注数学教学原理。

一、波利亚数学解题理论

波利亚，美籍匈牙利数学家、数学教育家。他在函数论、变分法、概率、数论、组合数学、计算和应用数学等领域都做出了杰出的贡献。早在20世纪40年代，波利亚就尝试着把“数学方法论”应用于数学教学。波利亚认为，解题的过程就是不断变更问题、诱发灵感的过程。就中学数学而言，解题就是要不断创设问题情境，激发学生的灵感思维。波利亚为其进行了几十年的数学教育教学实践研究。他的解题思想具有划时代的贡献。波利亚对数学解题理论的贡献主要是通过“怎样解题表”来实现的，如表2-2所示。他把传统的纯粹性解题发展为通过解题获得新知识和新技能的学习过程，其目标不是寻求机械模仿的解题“套路方法”，而是希望通过对于解题过程的深入分析，总结出“问题解决”的一般方法或模式。

视频 2.3.1
波利亚数学解题理论

表 2-2　怎样解题表

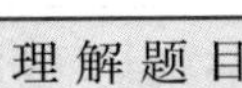

理解题目	
你必须理解题目。	未知数是什么？已知数据（指已知数、已知图形和已知事项等的统称）是什么？条件是什么？满足条件是否可能？要确定未知数，条件是否充分？或者它是否不充分？或者是多余的？或者是矛盾的？ 画张图，引入适当的符号，把条件的各个部分分开。你能否把它们写下来？

续表

拟订方案	
找出已知数与未知数之间的联系。 如果找不出直接的联系，你可能不得不考虑辅助问题。 你应该最终得出一个求解的计划。	你以前见过它吗？你是否见过相同的问题而形式稍有不同？ 你是否知道与此有关的问题？你是否知道一个可能用得上的定理？ 观察未知量，并尽量想出一个具有相同未知量或相似未知量的熟悉的问题。 这里有一个与你现在的问题有关，且早已解决的问题，你能应用它吗？你能不能利用它？你能利用它的结果吗？为了能利用它，你是否应该引入某些辅助元素？ 你能不能重新叙述这个问题？你能不能用不同的方法重新叙述它？ 若不能，回到定义去。 如果你不能解决所提出的问题，可先解决一个与此有关的问题．你能不能想出一个更容易着手的有关问题？一个更普遍的问题？一个更特殊的问题？一个类比的问题？你能否解决这个问题的一部分？ 仅仅保持条件的一部分而舍去其余部分，这样对于未知能确定到什么程度？它会怎样变化？你能不能从已知数据推导出某些有用的东西？你能不能想出适合于确定未知数的其他数据？如果需要的话，你能不能改变未知数和数据，或者二者都改变，以使新未知数和新数据彼此更接近？ 你是否利用了所有的已知数据？你是否利用了整个条件？你是否考虑了包含在问题中的所有必要的概念？
执行方案	
执行你的方案。	执行你的解题方案，检查每一个步骤。你能清楚地看出这个步骤是正确的吗？你能否证明它是正确的？
回　顾	
检查已经得到的解答。	你能检验这个结果吗？你能检验这个论证吗？ 你能以不同的方式推导这个结果吗？你能一眼就看出它来吗？ 你能在别的什么题目中利用这个结果或这个方法吗？

从表 2 - 2 中，我们可以看出，其中的问句与提示是用来促发“念头”的。如在解题时，从某种念头开始来着手解题，这是一个很好的开端，因为有一个念头，解题就有了思维起点，由起点出发，或许在解题时还能找到另一个念头，这样解题一直探索向前。

进一步分析，“怎样解题表”就怎样解题、教师应该教学生做什么等问题，把解题中典型有用的智力活动，按照正常人解决问题时思维的自然过程分成四个阶段：理解题目、拟订方案、实现方案、回顾，从而描绘出解题理论的一个总体轮廓，组成了一个完整的解题教学系统。

这四个阶段中“实现方案”是主体工作，是思路打通之后具体实施信息资源的逻辑配置；“理解题目”是认识问题并对问题进行表征的过程，也是

“问题解决”成功的一个必要前提；与前两者相比，“回顾”是最容易被忽视的阶段，波利亚对其作为解题的必要环节而固定下来，是一个有远见的做法。在整个解题表中，“拟订方案”是关键环节和核心内容。拟订方案的过程是探索解题思路的发现过程，波利亚建议分两步走：第一，努力在已知与未知之间找出直接的联系（模式识别等）；第二，如果找不出直接的联系，就对原来的问题做出某些必要的变更或修改，引进辅助问题。为此波利亚又进一步建议：看着未知数回到定义去，重新表述问题，考虑相关问题，分解或重新组合，特殊化、一般化、类比等，积极诱发念头，努力变更问题。这实际上是阐述和应用解题策略，并进行资源的提取和分配，认知基础是过去的经验和已有的知识。于是，这个解题教学系统就集解题程序、解题基础、解题策略、解题方法等于一身，融理论与实践于一体。

二、弗赖登塔尔数学教育理论

弗赖登塔尔是国际上极负盛名的荷兰数学家和数学教育家。他在拓扑学和李代数领域成就卓越，创办了《数学教育研究》（Educational Studies in Mathematics）杂志，在国际范围内为数学教育事业做出了重大贡献。弗赖登塔尔指导、推动和亲身参与了荷兰的数学教育改革实践，并对20世纪国际数学课程的改革与发展作出了重大贡献。弗赖登塔尔数学教育思想是当代数学教育的经典理论之一。他从数学教育的实际出发，用数学家和数学教师的眼光审视数学教育，其数学教育思想摆脱了传统的“教育学”（或“心理学”）＋“数学例子”的数学教育研究模式，“抽象概括”成为他研究数学教育的系统方法。他基于其经验与拟经验的数学哲理观与建构主义教学观，提出了“数学现实”“数学化”“再创造”等数学教育思想。弗赖登塔尔关于数学教育的论述，主要收集在《作为教育任务的数学》《除草与播种：数学教育学的序言》《数学结构的教学法现象》三本著作之中。

弗赖登塔尔数学教育思想是一个统一的整体，可以抽象概括为三个基本原理：数学现实、数学化和再创造。

（一）数学现实①

数学源于现实，也必须寓于现实，并且用于现实，这是弗赖登塔尔“数学现实”思想的基本观点，并在此基础上形成了他的数学教育观。源于现实是让学生自己提出问题；寓于现实是让学生学会解决问题；用于现实则是让学生产生创新欲望。弗赖登塔尔认为数学的整体结构应该存在于现实之中，只有密切联系实际的数学才能充满着各种联系，学生才能将所学的数学与现实结合。他主张数学应该属于所有的人，为此必须将数学教给所有人。但人

---

① 丁尔升. 现代数学课程论［M］. 南京：江苏教育出版社，1997：7.

与人之间的差别可能很大，不同的人需要不同的数学，也就联系着不同的现实世界。因此，数学来源于现实；数学教育应该是现实数学的教育；每个人都有其自己的“数学现实”。

学习数学就意味着能够做数学，熟练地运用数学的语言去解决问题，探索论据并寻求证明，而最重要的活动则是从给定的具体情景中，能够识别或提出数学概念。例如，数学教学要引入一个新概念，如果缺少足够的具体事实作为基础，或者反复介绍一个新概念，却没有具体的应用，这都无法使学生产生求知欲。课堂讲授时，过早地提出概念、公理、法则等不会产生好的教学效果，不会激发学生的兴趣，教学过于抽象而脱离学生现实，就会使学生失去兴趣和动机从而达不到很好的教学效果。因此弗赖登塔尔提出的“数学现实”原则，和我们通常所说的理论联系实际有实质性的区别，它有其独特的教育教学含义。

（1）“数学现实”是人们用数学概念、数学方法对客观事物的认识的总体，其中既含有客观世界的现实情况，也包括学生个人用自己的数学水平观察这些事物所获得的认识，构成客观现实与人的数学认识的统一体。

（2）每个人都有自己的数学现实。数学教育要根据学生的“数学现实”来进行。因材施教是“数学现实”所蕴含的教学论意义。

（3）数学教学过程经历从现实背景中抽象出数学知识的全过程，着眼于学生能力的培养。数学教学过程是一个“理论与实际”数学思维整合的过程，避免教一个数学理论知识，再去联系一下实际的“两张皮”简单狭隘拼合。

（二）数学化

简单地说，数学化就是数学地组织现实世界的过程。即人们在观察、认识、和改造客观世界的过程中，运用数学的思想和方法来分析和研究客观世界的各种现象并加以整理和组织，以发现其规律的过程。① 数学是系统化了的常识。常识要成为数学，它必须经过提炼和组织，而凝聚成一定的法则，这些法则在更高的一层里又成为常识，再一次被提炼、组织……如此不断地螺旋上升，以至于无穷。这就是我们所说的抽象与逐级抽象，亦即数学的发展过程具有层次性。数学的产生与发展本身就是一个数学化的过程。先人从手指或石块的集合形成数的概念，从测量、绘画形成图形的概念都是数学化，甚至可以说整个数学体系的形成就是一个数学化的过程。而人们学习数学的过程，实际上又或多或少地遵循着历史发展的规律。通俗地讲，数学化就是把现实中的东西通过数学工具转化成数学公式、定理等。比如说圆周率$\pi=3.1415926\cdots$是前人通过猜想—证明—整理得到一般化的数学概念，又比如概率论的发展源于“赌博”问题等，都是数学化。

---

① 唐瑞芬. 数学教学理论选讲［M］. 上海：华东师范大学出版社，2001.

（三）再创造

弗赖登塔尔指出，数学化过程产生的数学必须由通过教学过程产生的数学教学反映出来，因此，他认为数学教学方法的核心是学生的“再创造”，并指出这和我们常常说的“发现学习”并不等同，“发现学习”只是较低层次的“再创造”学习。这里“创造”的含义是较高层次的“发现”。就是学习过程中的若干步骤，这些步骤的重要性在于再创造的“再”，而“创造”则既包括了内容又包含了形式，既包含了新的发现又包含了组织。① 需要我们学生在学习的时候善于独立思考，用自己的思维方式，重新创造有关的数学知识。这样的目的就是要培养学生发现问题，挖掘学生的潜力，使学生具有学习的动力。

提倡按“再创造”原则来进行数学教育，其教育心理学理论根据是：

（1）通过自身活动所获得的知识比由他人传授的要理解得透彻、掌握得快，同时也善于应用，保持记忆也较长久。

（2）发现是一种乐趣，“再创造”教学能够激发学生学习的兴趣和动力。

（3）通过“再创造”方式，促进人们形成数学教育是一种数学活动的教育。

主张“再创造”应该是数学教育的一个教学法原则，它应该贯穿于数学教育整个体系。实现这个方式的前提，就是要把数学教育作为一个活动过程来加以分析，在这整个活动过程中，学生应该始终处于一种积极、创造的状态，要参与这个活动，感觉到创造的需要，于是才有可能进行“再创造”。

“再创造”对教师提出了更高的要求，不仅对有关题材的各种联系事先尽可能做周密的设计与安排，更重要的是教师必须掌握丰富知识，具备高度的应变能力，能及时处理学生可能提出的各种问题，以保证将学生引上“再创造”的道路上去。使学生的活动更为主动、有效，以便真正积极地投入教育活动中去。

三、数学双基教学及其发展

“双基”是指基本知识、基本技能。数学“双基”在我国基础教育中占有重要的历史地位，新课改以来，围绕“双基”的讨论一直没有停止过，其内涵和外延也在不断地丰富和发展。

视频 2.3.2
数学双基教学及其发展

（一）双基内涵

1. 什么是知识

从哲学角度来说：“所谓知识，就它反映的内容而言，是客观事物的属

① 朱维宗，唐敏. 聚焦数学教育［M］. 云南：云南民族出版社，2005.

性与联系的反映，是客观世界在人脑中的主观映像；就它的反映活动形式而言，有时表现为主体对事物的感性知觉或表象，属于感性知识，有时表现为关于事物的概念或规律，属于理性知识。”从这一定义中我们可以看出，知识是主客体相互统一的产物。它来源于外部世界，所以知识是客观的；但是知识本身并不是客观现实，而是事物的特征与联系在人脑中的反映，是客观事物的一种主观表征，知识是在主客体相互作用的基础上，通过人脑的反映活动而产生的。

从现代认知心理学角度来说：个体通过与环境相互作用后获得的信息及其组织，称为知识。知识有广义与狭义之分。广义的知识可以分为两类，即陈述性知识与程序性知识。

（1）陈述性知识。陈述性知识是描述客观事物的特点及关系的知识，也称为描述性知识。陈述性知识主要包括三种不同水平：符号表征、概念、命题。符号表征是最简单的陈述性知识。所谓符号表征就指代表一定事物的符号。例如学生所学习的英语单词的词形、数学中的数字、物理公式中的符号、化学元素的符号等，都是符号表征。概念是对一类事物本质特征的反映，是较为复杂的陈述性知识。命题是对事物之间关系的陈述，是最复杂的陈述性知识。命题可以分为两类：一类是非概括性命题，只表示两个以上的特殊事物之间的关系；另一类命题表示若干事物或性质之间的关系，这类命题叫概括，如“圆的直径是它的半径的两倍”，这里的倍数关系是普遍的关系。

（2）程序性知识。程序性知识是一套关于办事的操作步骤和过程的知识，也称为操作性知识。程序性知识主要用来解决“做什么”和“如何做”的问题，可用来进行操作和实践。策略性知识是一种较为特殊的程序性知识，它是关于认识活动的方法和技巧的知识。例如，“如何有效记忆”“如何明确解决问题的思维方向”等。

世界经合组织（OECD）在 1996 年的年度报告《以知识为基础的经济》中将知识分为四大类：

（1）知道“是什么”的知识（know - what），主要是叙述事实方面的知识。

（2）知道“为什么”的知识（know - why），主要是自然原理和规律方面的知识。

（3）知道“怎么做”的知识（know - how），主要是指对某些事物的技能和能力。

（4）知道“是谁”的知识（know - who），涉及“谁知道和谁知道如何做某些事”的知识。

前两类 know - what 和 know - why 属于显性知识，后两类 know - how 和 know - who 属于隐性知识，显性知识可以通过阅读材料或教材、参加会议和查询数据库获得，对于这类知识可以实现信息化，而隐性知识难以书面化和信息化，难以通过正式的信息渠道转让。

综上所述，我们认为知识是人们对客观事物的现象和规律的概括总结，是可以指导解决实践问题的观点、经验、程序等信息。

2. 什么是技能

技能是活动方式或动作方式。《辞海》将“技能”定义为：运用知识和经验执行一定活动的能力。通过反复练习达到迅速、精确、运用自如的技能，也叫技巧。《教育词典》中把“技能”定义为：通过学习重复和反省而习得的体能、心能和社会能力，个体对这种能力的提高可以是无止境的。《教育大辞典》中把“技能”定义为：主体在已有的知识经验基础上，经过练习形成的对待某种任务的活动方式。

技能属于知识范畴。在认知主义广义的知识观中，动作技能、智慧技能和认知策略被认为是不同形式的程序性知识，将知识、技能和策略都统一在知识范畴中。

尽管以上对技能下定义时存在诸多分歧，但也不难找到其共同点：

(1) 技能都是通过一定的方式后天习得的。外显的动作技能和内隐的心智技能都可以用一定的方式表现出来，同时技能的发展和提高是一个面向目标不断熟练化的过程。

(2) 技能与知识密不可分。知识具有有和无的性质，而技能则以熟练和不熟练来衡量。

因此，人的技能培养是可能的，而且必须贯穿于人的终身发展。教师职业的复杂性、创造性、挑战性的特征，更要求把职业技能的培训贯穿于职业生涯的全过程。在练习和掌握某种技能时，必须运用某些储存在大脑中的先决知识，有效的知识必须能够指导活动。能力是在运用知识解决问题的过程中表现出来的，知识并不能直接转化为能力，技能就成为知识和能力的桥梁。

3. 什么是知识与技能的教学要求

在初中数学教学中，通常把知识与技能放在一起进行研究。一般认为，知识与技能通常是由符号表征、概念、命题、规则和策略几个层次构成。高中数学新课程教学改革确立了知识与技能、过程与方法、情感态度与价值观三位一体的课程与教学目标。新课程改革坚持的理念是以人为本，充分发挥学生的主体作用，教师要实现从单一的知识传授者向课堂教学的设计者、组织者、引导者、合作者等多种角色和多重角色的转变，引导学生主动学习。

《普通高中数学课程标准（实验）》中知识技能目标的水平划分为了解、理解和应用三个基本层次。其一，了解水平。包括再认或回忆知识；识别、辨认事实或证据；举出例子；描述对象的基本特征等。例如：体会、知道、识别、感知、认识、初步了解、初步学会。其二，理解水平。包括把握内在逻辑联系；与已有知识建立联系；进行解释、推断、区分、扩展；提供证据；收集、整理信息等。例如：描述、说明、表达、刻画、解释、推测、想象、归纳、抽象、提取、初步应用、初步讨论。其三，应用水平。包括在新的情境中使用抽象的概念、原则；进行总结、推广；建立不同情境下的合理联系等。例如：掌握、导出、分析、推导、证明、讨论、解决问题。

4. 关于数学双基与创新能力

所谓数学双基是指数学的基础知识和基本能力。数学教学的目的，一方面是培养学生基本知识和基本技能，另一方面是促进学生的个性发展和培养创新能力。一般说来，“双基”是一个宽泛的概念，并没有明确的定义。数学基础知识和基本技能，一般是指学习后继课程与就业所需的那些数学知识和技能。在教学工作中，要具体、恰当地确定基础知识和基本技能的广度和深度，才能使学生切实学好基础知识和基本技能。

数学知识的基本知识表现形式为概念、性质、法则、公式、定理等，采用演绎的方式叙述，具有逻辑的严密性。数学思想（如函数的思想，数形结合的思想，集合的思想，结构的思想等）和数学方法（如消元法、降次法、换元法、配方法、待定系数法、综合除法等）以及逻辑方法（如分析法、综合法、同一法、反证法等）也应当属于数学基础知识。

基本技能是指按照一定的程序与步骤进行运算、处理数据（包括使用计算器）、简单的推理、画图以及绘制图表等技能。

中学课程内容选自数学科学，反映着数学科学的特点，它的演变直接受到数学科学发展的影响。中学数学是数学科学与中学教学相结合的产物，是在长期中学教学实践中形成和发展起来的。中学数学的结构和内容，要符合中学生的学习心理、认识水平，并能为他们所接受。对于中学数学的基础知识和基本技能的范围，一般是通过制定数学课程标准或者国家统一的考试大纲的形式来说明。至于哪些数学概念、公式、定理、法则、方法、思想，哪些类型的数学问题以及其他知识属于基础知识和基本技能，就要看中学数学教材列入的具体内容。因此，在教学实践中，应以数学课程标准为指导，以教材内容为依据来确定基础知识和基本技能的深度和广度。

（二）从“双基”到“四基”的延拓

教育部颁布的《义务教育数学课程标准（2011 年版）》拓展了传统数学教育“双基”内涵，明确提出“四基”的数学课程目标，它是对传统数学“双基”课程目标的继承和发展。教育价值在于强调从思想上澄明由“知识本位”到“能力本位”的教育目标转型，力图实现从知识教育向智慧教育的理性超越，使数学教育返璞归真，对深化基础教育数学课程改革具有重要的现实意义。

从“双基”到“四基”的数学教育，反映了新时期数学教育目标、数学知识、数学基本思想和数学活动经验的教学都要适应时代的变化和教育改革的要求。具体体现为：

（1）提升了数学教育目标的价值。“四基”体现了对过程性目标的强调，关注从经验到思想观念的活动过程，作为“四基”生长点的数学活动则为学生直观能力的培养提供了沃土。

(2) 拓展了数学知识的内涵。“双基”持狭义知识观，而“四基”则持广义知识观。一方面，“双基”将学科看成科学的浓缩，知识则主要指概念、公式、定理、法则等客观性知识。“四基”中的数学活动经验则是通过观察、实验、操作、活动等手段获得的带有主观色彩的知识技能、情感体验等。

(3) 强化了基本思想，注重数学本质。一般说来，在中学数学中，数学思想方法具体表现为三个不同的层次：第一，解决具体问题的思想方法，如消元法、代入法、配方法和待定系数法等。第二，逻辑方面的思想方法，如分析法、综合法、演绎法、归纳法和类比法等。第三，一般性的数学思想方法，如公理化思想方法、一般与特殊的思想等。这些都是数学思想方法，而不是基本数学思想。“基本思想”是区别于换元、配方、递归、待定系数等具体的数学思想方法，对学生今后的学习、生活具有一定现实意义的思想。

(4) 注重数学活动经验，强化过程教学。“双基”的载体是静态的、符号化的文本，而“四基”的载体则是动态的、操作性的活动。数学活动的内涵非常丰富，从操作与数学认知的层面看，数学活动主要包含如下几方面：数学的实验操作活动、算法规则的操作练习活动、数学的思维活动，以及关于数学的交流活动。张奠宙先生则认为基本的数学活动还应该包括“模式直观”“解题经历”“数学想象力”“数学美学欣赏”等。

因此，数学活动经验就是学生在经历上述数学活动过程中获得的对于数学的体验和认知。与数学概念、技能等显性知识相比较，数学活动经验是一种缄默知识。它包含了对数学的情感态度与价值观以及对数学美的体验，也包含了渗透于活动行为中的数学思考、数学观念、数学精神等，还包含处理数学对象的成功思维方法、方式等。

提出数学活动经验为目标的根本意图还是强调教育的“过程性目标”，而不仅仅是“结果性目标”。因为“思想感悟与经验积累决定人的思维方法”，而思想感悟与经验积累是“悟出来的，想出来的，而不是教会的”。

理解·反思·探究

1. 什么是数学教学设计？数学教学设计的基本特征有哪些？
2. 结合具体数学内容谈谈数学教学设计基本步骤有哪些？
3. 影响数学教学设计的理论有哪些？谈谈你的认识。
4. 举例说明波利亚解题理论的思考模式。
5. 试述波利亚解题理论对当前数学课堂教学有何启示。
6. 简述弗赖登塔尔数学教育思想的核心。
7. 试用案例说明“再创造” 教学设计思想的运用。

8. 简述数学"四基"教学的基本特征。

9. 试述新课程理念下如何发展传统的"双基"教学。

拓展阅读导航

[1] 格劳斯.数学教与学研究手册 [M] .陈昌平，等，译.上海：上海教育出版社， 1999.

[2] Paul Ernest.数学教育哲学[M]，齐建华，张松枝，译.上海：上海教育出版社， 1998.

[3] Rolf Biehler.数学教学理论是一门科学[M].唐瑞芬，等，译.上海：上海教育出版社， 1998.

[4] 乔治・波利亚.怎样解题：数学教学法的新面貌[M].涂泓，冯承天，译.上海：上海科技教育出版社， 2002.

[5] 乔治・波利亚.数学与猜想：数学中的归纳和类比 [M].李心灿，王日爽，李志尧，译.北京：科学出版社， 2001.

[6] 乔治・波利亚.数学的发现：对解题的理解、研究和讲授[M].刘景麟，曹之江，邹清莲，译.北京：科学出版社， 1982.

[7] 贝尔.中学数学的教与学[M]，许振声，等，译.北京：教育科学出版社， 1990.

第三章 怎样研究学情

要点提示

随着数学课程改革的不断深入，教学应该以学生为主体，教师为主导、以学定教、以学论教等观点逐渐被人们接受。在教学中如何研究学生的学情是决定教学方法的重要因素。因此，作为师范生了解如何研究学情是很有必要的。

本章主要介绍了数学学习的基本理论、中学生数学学习的心理年龄和认知特征。通过本章的学习，能够掌握学习者特征分析的方法；能够分析不同年龄段学生的心理及认知特点，分析学习者的学习风格；能够根据具体学情确定教学方法。

学习目标

- □ 在教学设计中树立学生意识，坚持以学生发展为本的教学理念。
- □ 通过对主要数学学习理论的学习，体会学习理论与教学之间的关系，在教学设计过程中，根据教学内容选择合适的学习理论支撑教学设计。
- □ 通过对中学生心理年龄特征的学习，能合理地分析中学各个年龄段学生的基本特征，并能在教学设计过程中给予关注。
- □ 能在教学设计过程中坚持以学定教。

导入

教育的本质关系是一种对应

师生是哥俩好，还是死对头，这由得人，也由不得人。好的师生关系，与差的师生关系，都是一种存在，只是存在的滋味不同。

教师、学生双方的情感、人文、利益和兴趣，都是应当关注的。企图在教育上都是“好事成双”，有时是一种幼稚的想法。当“2”走进师生生活时，一切会变成非常复杂的分式。

教育的真谛在于尊重学生——爱默生

教学的目的是为了学生的学，而不是为了教师的教。教师只有在教学活动中贯彻落实“以学生为本”的原则，才能真正做好“教书育人”工作。我们常常说，上课要目中有人，心中有课。这里所谓“目中有人”，乃是为了说明问题而与“目中无人”这一成语作对比所采取的借喻用法，即是指教师在数学教学中应做到眼睛时时关注学生，心里总是装着学生。毋庸置疑，数学课堂教学的根本出发点和归宿是学生，所有着眼点与立脚点归根到底离不开学生。古希腊智者学派的代表人物普鲁塔戈拉说：“头脑不是一个要被填满的容器，而是一把需要被点燃的火把。”因此，数学教学应严格恪守“以学生为本”的原则，将学生作为一个完整独立、存在与发展的生命体——人，加以尊重和关爱，而不能仅注重知识传授，更不能仅看重考试分数。

第一节　主要数学学习理论简介

一个有效的教学模式包括明确具体的学习目标、讲解和示范概念、监控和反馈学生的练习，让学生独立地练习和定期地复习学习内容等诸多内容。为了更好地设计教学，我们必须考虑学习理论，以便使学习更加有效。

数学学习理论是数学教学中的重要组成部分，它以学生的数学学习作为研究对象。揭示其自身的特点、性质、过程和规律。了解掌握一些重要的学习理论对数学的教与学有重要意义。本节简要地介绍一些比较有影响的学习理论，为数学学习奠定一定的基础。

一、数学学习概述

视频 3.1.1
数学学习概述

我们一般所说的学习是从心理学角度来阐述的，也就是说，学习是指动物和人类所共有的一种心理活动。对人类来说，学习是“知识经验的获得及行为变化的过程”。学生的学习是在教育情境中进行的，是凭借知识经验产生的、按照教育目标有计划、有组织地进行的、比较持久的行为变化。学生的学习特点主要表现在以下几个方面：

(1) 学生的学习是在人类发现基础上的再发现。

(2) 学生的学习是在教师指导下有目的、有计划地进行的。

(3) 学生的学习是依据一定的课程标准和教材进行的。

(4) 学生的学习主要是为终身学习奠定基础、为未来的生活做准备的。

数学学习是学生学习的一个十分重要的组成部分。它是指学生依据数学课程标准，按照一定的目的、内容、要求，系统地掌握数学知识与技能的过程。并在这一过程中，逐步地发展各种能力，尤其是数学能力，养成良好的数学心理品质。

数学知识与技能的学习一般都以外显形式反映行为变化，而数学情感学习所导致的行为变化则往往呈内隐形式。

数学学习除了具有一般的学习特点外，还有以下三个显著特点：

1. 数学学习是一种科学的公共语言学习

由数学符号以及它们的各种有机组合所构成的数学，可以反映存在于现实世界中的一些关系和形式，因此它也是一种语言。

2. 学生学习数学必须具备较强的抽象概括能力。

数学的研究对象是现实世界的空间形式和数量关系，因此，它完全脱离了具体的事实。同时，数学的抽象性与概括性还表现在它使用的高度形式化的数学语言，和它的逐层抽象概括过程。例如，小学阶段学习了生活中的数字，抽象到纯粹的数字——数字的四则运算，到了初中就开始广泛的使用字母，学习多项式的运算，再进一步抽象到函数、集合之间的运算。（由抽象的符号化数字，到更抽象的字母；由抽象的数、式、函数的概念，到更抽象的集合的概念，都是一个逐次抽象概括的过程。）

3. 数学学习最有利于学生演绎推理能力的发展

数学是一门建立在公理体系基础上，一切结论都需要加以严格证明的科学。数学证明所采用的逻辑形式最基本、最主要的就是三段论。学生在整个中学阶段的数学学习中，反复学习使用三段论来解答各种数学问题，并且还要求他们能够达到熟练掌握的程度，这对于他们演绎推理能力的发展是有利的。

中学阶段是基础教育阶段，学生的学习目的主要不在于创造社会价值，而在与为终生学习和将来参加社会劳动奠定基础。所以，除了让学生学会一定的基础知识和基本技能外，还应该让学生学会学习。因此，教师有必要了解一些与数学学习有关的学习理论。

二、主要学习理论

学习是如何发生的，有哪些规律，学习是以怎样的方式进行的？近百年来，教育学家和教育心理学家围绕着这些问题，从不同角度，运用不同的方式进行了各种研究，试图回答这些问题，也由此形成了各种各样的学习理论。学习理论有古典学习理论和现代学习理论。其中古典学习理论主要有柏拉图的知识回忆说和洛克的原子模型。它们共同的特征是认为：人的学习是被动接受的。而现代学习理论主要的特征是认为：人的学习是主动的。本节主要介绍对当前课堂教学有影响的现代学习理论。

现代的学习理论开始强调学习者在生理和心理上的主动性。

不同的学习理论为学习活动的研究提供了不同的研究视角和框架，如行为主义与认知心理学代表了两种不同的研究范式，有着不同的研究问题。

（一）行为主义学习理论

视频 3.1.2
五种学习理论

20 世纪 60 年代以前，行为主义在心理学研究中曾长期占据主导地位，其基本立场在于：由于内在的思维活动或心理过程不可能被直接观察到，因此为了使心理学研究达到科学的水平，就不应涉及内在的思维活动或心理过程，而应完全局限于外部的可见行为。

行为主义学习理论起源 20 世纪初，其代表人物主要有桑代克斯金纳、布鲁姆、巴甫洛夫等。行为主义将学习的本质解释为刺激-反应联结。

1. 桑代克的联结主义试误说

联结主义试误说是美国的心理学家桑代克经过一系列的动物实验提出来的学习理论，它认为学习是刺激和反应的联结，“联结”即学习者对学习情境所引起的反应。他认为这种反应是学习者在情境中经过不断尝试、不断舍弃错误和改正错误的结果。

桑代克做过许多动物的实验，其中最成功的是猫开门的实验，他把饥饿的猫放在一个特制的笼子里，笼子里有一个机关，只要猫一碰到这个机关，笼子就打开并得到食物。开始猫在笼子里乱咬、乱抓，偶然碰到了机关逃出来，人们再把猫抓进笼子，反复多次实验，猫在尝试错误的过程中，逐渐在刺激与抓机关之间形成了联结。因而桑代认为：学习即联结，是不断尝试与改正错误，直至成功的过程，简称试误说。

桑代克把动物的实验结果推广到人的学习上。但是，由于人和动物是有区别的，所以该理论比较机械，抹杀了人的主观能动性，抹杀了人类的学习特点。尽管如此，桑代克在教育心理学的发展中占有重要地位，他的学习理论是第一个系统的教育心理学理论，它在数学学习中有一定的指导作用和实践意义，对认识数学问题的思路探索过程具有重要的参考作用。例如：学生要解决一个新的问题，不知道用什么方法，尝试采用某种方法去解，如果失败了，找出失败的原因，再试着用另一种方法去解，直到最后解出来为止。用这样的方法学习解决数学问题，能使学生学到很多解决问题的经验，而不仅仅是某个问题的解答。有一位学生在证明恒等式 $(\sin A+\cos A)(\tan A+\cot A)=\sec A+\csc A$ 时，他的心得体会是：教师在课堂上讲了许多恒等式的证明方法，但我拿到这题目时，却不知道该用什么办法，所以，我试图从左边证到右边，从右边证到左边，觉得心里很烦，后来我左右两边化简，问题就解决了：

$$\text{左边}=\sin A+\cos A\left(\frac{\sin A}{\cos A}+\frac{\cos A}{\sin A}\right)$$

$$=\frac{(\sin A+\cos A)(\sin^2 A+\cos^2 A)}{\cos A\sin A}=\frac{\sin A+\cos A}{\sin A\cos A}$$

$$\text{右边}=\frac{1}{\cos A}+\frac{1}{\sin A}=\frac{\sin A+\cos A}{\sin A\cos A}$$

显然，这位学生在解决这个问题的过程中，用尝试的方法使问题得以解决。

2. 斯金纳的操作性条件反射学习理论

斯金纳是当代新行为主义学派代表人物，他继承和发展了桑代克的联结主义学习理论，提出了刺激—反应—强化的学习模式。斯金纳在 20 世纪 30 年代发明了一种所谓斯金纳的学习装置，在箱内装有一操纵杆，操纵杆另一端与提供食丸的装置连接。他把饥饿的白鼠放在箱内后，白鼠在箱内到处乱爬，一个偶尔的机会，白鼠爬上操纵杆，得到食丸，以后不断按压操纵杆，直到吃饱为止。他认为学习是在奖赏下操作某种工具的条件反射，提出了“刺激—反应—强化”的学习模式。

但是他的理论也是将动物的实验推及人类，因而对于人的复杂的学习行为无法作出令人满意的解释。当然，我们也可以根据斯金纳的操作性条件反射理论得到一些启示，学生要获得有效的数学学习效果，就必须通过适当的

“强化”，就数学学习而言，最好的办法是让学生知道自己的学习效果。正确的学习行为能得到肯定，错误的学习行为能得到纠正。为此，在数学学习中，对学生的学习效果要及时作出评价，而且要以正面评价为主，通过及时评价，不但能调整学生的学习行为，而且在情感上也能产生积极的效果。例如：

教师问：当 $a\geqslant 8$ 时，$\sqrt{(8-a)^2}$ 的值等于什么？

若学生答：$\sqrt{(8-a)^2}=a-8$，教师就肯定其回答。

若学生答：$\sqrt{(8-a)^2}=8-a$，教师给予否定，并且要反复练习，直到学生将上述形式的表达式都能正确回答出结果为止。

行为主义者基本上是从外部来研究人的心理和行为，对人的内部思维过程不进行探讨，即使个体的外在行为表现相同，但是他们内部的思想态度差异却很大，而内部的思想态度才是学习的实质所在，学习的本质应该是行为潜能的变化。

“生物语言”又可被看成行为主义心理学研究的基本语言，特别是，“刺激—反应”构成了其中的核心概念。也就是，行为主义者所追求的是如何能对对象的行为（反应）与外部条件（刺激）之间的关系作出精确的描述。

受行为主义影响的教学最关注的问题有：目标的分析，包括教学目标的清楚界定，对于结果的高度重视等；教学程序与教学方法的研究，包括任务的适当分解，知识点的研究，程序化教学方法的设计等；标准化考试的设计；等等。

（二）认知主义学习理论

从 20 世纪 60 年代开始，认知心理学逐步代替行为主义，在心理学领域中占据了主导地位。认知心理学研究的基本立场是：我们应当深入地研究内在的思维过程。计算机科学的发展为认知心理学的兴起提供了重要的外部条件，信息加工的语言成为必要的概念语言，它是指人类的思维活动可以被看成一个信息加工的过程，包括信息的获得、储存、提取、产生等。

认知学派的学习理论是由德国的格式塔学派发展而来的。它的模式为“输入—加工—输出”，重点探讨信息的获取、加工、存储、使用的过程，研究输入与输出之间各种可变因素。

1. 格塔式学派的顿悟说（完形主义）

格塔式心理学家做过很多实验，从中得出学习的顿悟说。这个学派的创始人有魏特墨、考夫卡和苛勒等人。他们通过对黑猩猩的学习实验来研究学习心理，开始先让黑猩猩用一根竹竿（或用箱子垫着）去取食物，接着要求黑猩猩用两根竹竿套接起来或用两个箱子叠起来作垫以取得食物。在实验中，黑猩猩在用竹竿、木箱等捞取食物时，开始做了许多多余的动作，如用手捞或脚勾而取不到食物；用一根竹竿，竹竿太短，捞不到食物；搬一只箱，箱子低了，够不着食物……后来，它不再做这些动作了，蹲下来仔细观察，忽然之间，豁然开朗，用两根竹竿一套（或用两只箱子一叠）就取得了食物。这就是黑猩猩在对环境整体的关系作了仔细了解之后，看出了几根竹竿接起来与高处的食物的关系，“学会”了用竹竿套起来（或用两只箱子叠起来）取食物。苛勒认为，动物的学习是在感受了整体情境之后，产生顿悟的过程；而人的学习中问题的解决都是对情境进行感受、领会、理解、洞察从而产生顿悟的过程。完形派反对联想心理学和条件反射学说把学习解释为联系，认为学习不是依靠“尝试”，而是由于突然的领悟，所以他们的学习理论，又称为顿悟说。

完形学派强调有机体与环境的相互作用，强调有机体的能动作用以及人的智慧中的理解作用，是具有积极意义的，但他们把学习完全归于机体的一种“组织活动”是“原始智慧的成就”，没有注意到“尝试与错误”在人的学习中的作用，这是片面的。从完形学派的学习理论中，我们可以得到一些启示：了解学习情境中的整体性，注意思维过程中的顿悟作用，这对数学学习有一定的帮助。例如，设$\frac{1}{2-\frac{x}{x-1}}=\frac{1}{2}$，求$\frac{x}{x-1}$。显然，具有整体性思维能力的人，经过对条件和结论观察，目的是要先求x，再代入其值，而从条件左边和右边，有可能顿悟出“$x=0$”，故$\frac{x}{x-1}$的值为0。

2. 现代认知学习理论

现代认知学习理论的代表人物是布鲁纳和奥苏贝尔。他们都强调学习者的原有认知结构的作用和学习材料本身的结构的作用，都重视内在的学习动机与学习活动本身带来的内在强化作用。但对于如何获得新的知识过程，他们强调的重点却有所不同，布鲁纳强调发现，而奥苏贝尔强调接受。

布鲁纳的发现说继承了完形说的观点，他认为学习是通过认识形成认知结构的过程。认知结构是个体认识事物或学习知识时，在人们头脑中所采取的认识模式所形成的认识模式系统。认知学派把学习看成有机体对环境的适应，所以认知结构也就是适应结构。

布鲁纳非常重视人的主动性，把学习看成是主动的过程，同时，也十分重视已有经验的作用和学习的内在动机，以及发展学生的思维。

布鲁纳提倡发现学习。他认为发现法就是让学生独立思考，改组材料，自行发现知识，掌握原理原则的方法。发现学习的作用在四点：① 发挥智慧的潜力；② 使外来动因向内在动机转移；③ 学会发现的试探法；④ 有助于所学材料的保持记忆。因为学习者在一定情境中，对学习材料的亲身经验和发现的过程才是学习者最有价值的东西，因此，他强调教师应当指定和设计各种方法，创设有利于学生发现、探究的学习情境，使学习成为一个积极主动的“索取”过程，即“要我学”变为“我要学”，充分发挥学生主体自我探究、猜测、发现的自然倾向。布鲁纳的学习理论已被当今教育界普遍接受。有位教师教“有理数加减”时，他要求学生阅读例题：

$$-1\frac{1}{2}+\frac{1}{3}+\frac{5}{6}-1\frac{1}{4}=-1-\frac{1}{2}+\frac{1}{3}+\frac{5}{6}-1-\frac{1}{4}$$

$$=-1-1+\frac{-6+4+10-3}{12}$$

$$=-2+\frac{5}{12}=-1\frac{7}{12}$$

并且思考：解题的思路和关键；每一步的依据；其他解法（特别是更简捷的解法）。对于初中一年级出现的这种代数计算题，如果学生在教师指导下发现出解题思路，每一步的依据，寻找新的解题方法（正、负分别相加），这样，学生对概念法的理解则能更加深入，并能为以后学习几何奠定基础。所以，我们可以肯定，发现法在数学学习中起着重要的作用。

美国心理学家奥苏贝尔提出的有意义学习理论，不像布鲁纳那样强调有意义的接受学习。他认为，学习过程是在原有认知结构基础上，形成新的认知结构的过程；原有的认知结构对于新的学习始终是一个最关键的因素；新的学习都是在过去学习的基础上产生的，新的概念、命题等总是通过与学生原来的有关知识相互联系、相互作用条件下转化为主体的知识结构。学生在学校里的学习，主要是通过言语形成理解知识的意义，接受系统的知识。因此，他提出了一个“有意义学习”的新概念。意义学习是和行为主义的机械学习相对立而提出来的，意义学习是掌握事物的意义，把握事物内部实质性联系的学习。意义学习过程的实质乃是以符号为代表的新概念与学生认知结构中原有适当观念建立实质性和非人为的联系。有意义学习，既包括有意义的发现学习，也包括有意义的接受学习，但不能把接受学习和机械学习等同起来。只要注意加强学习者有意义的理解，接受学习就不一定是被动的、机械的，而完全可以是主动的、有意义的。

受认知心理学影响的教学最关注的问题有：感知的选择性；知识的分类；记忆力的局限性；图式与认知结构在认识活动中的重要性；同化与顺应；元认知；问题解决等。

“理解学习”成为认知心理学影响下的教学研究的一个最为核心的概念，这正如著名数学教育家斯法德所指出的：“一旦允许了解‘头脑内部’，理解就成了研究的中心问题。”这是教育研究史上的一个里程碑，标志着行为主义时代的终结与人类认知这一新方向上的研究的开始。①

（三）人本主义学习理论

人本主义学习理论起源于 20 世纪 50 年代，它认为行为主义心理学没有

① A. Sfard. There is more to discourse than meets the ears: Looking at thinking as communication to learn more about mathematics learning [J]. Educational Studies in Mathematics, 2001 (46): 13－57.

恰当地探讨人类的思维能力和情感体验，把对动物的研究成果用于人类学习，忽视了人的本质性。代表人物有马斯洛、罗杰斯、乔治·布朗等。

人本主义心理学的主要创始人马斯洛认为：人类先天就具有学习的本能，学习是内发的，而不是一种外部强加的，学习动机是由多种不同的需求组成，各种需求之间，有先后顺序与高低层次之分，因而被称为需求层次论(如图3-1)。此外，罗杰斯提出了以学生为中心的教育理念，他把学习分为无意义学习和有意义学习两类，认为有效的学习只能产生于自由的、宽松的、学生自发地全身心投入的一种学习环境中，简称为自由学习观。

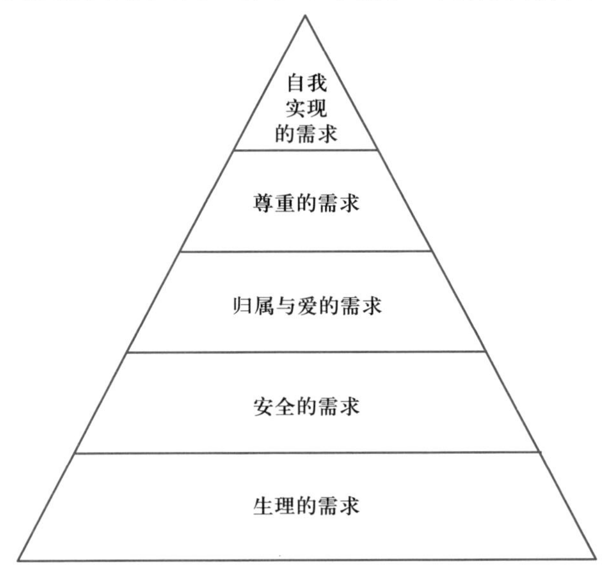

图3-1 需求层次图

（四）建构主义学习理论

建构主义是的20世纪80年代以来影响世界数学教育的一个主流理论，中国数学教育开展建构主义研究始于20世纪90年代初。建构主义思想来源于认知加工学说，以及维果斯基、皮亚杰和布鲁纳等人的思想。例如，皮亚杰和布鲁纳等的认知观点——解释如何使客观的知识结构通过个体与之交互作用而内化为认知结构，维果斯基的“文化-历史”发展理论的广为流传，都是建构主义思想发展的重要基础，了解上述理论是深刻理解建构主义必不可少的环节。

皮亚杰认为，学习是一种能动的学习过程，学习并不是个体积累越来越多的外部信息，而是学到越来越多的有关他们认识事物的程序，即建构了新的认知结构。这种认知结构不仅是原有认知结构的延续，而且是原有认知结构的重组。

布鲁纳认为，教育的主要目的是为学生提供一个现实世界的模式，学生可以借此解决生活中的一切问题。为此，他认为学生不是被动的知识接受者，而是积极的信息加工者，强调知识结构的重要性以及教育过程中直觉思维的价值。

维果斯基所提出的“文化-历史”发展理论认为：人的高级心理机能，即随意的心理过程，并不是人自身所固有的，而是在与周围人的交往过程中产生与发展起来的，是受人类的文化历史所制约的。为此，维果斯基特别强调人在发展过程中社会文化历史的作用，尤其强调活动和社会交往在人的高级心理机能发展中的突出作用。

在建构主义观点下，数学教育具有以下特征：

（1）学习不是由教师把知识简单地传递给学生，而是由学生自己建构知识的过程。学生不是简单被动地接收信息，而是主动地建构知识的意义，这种建构是无法由他人来代替的。

（2）学习不是被动地接收信息刺激，而是主动地建构意义，是根据自己的经验背景，对外部信息进行主动地选择、加工和处理，从而获得自己的意义。外部信息本身没有什么意义，意义是学习者通过新旧知识经验间的反复的双向的相互作用过程而建构成的。因此，学习，不是像行为主义所描述的“刺激—反应”那样。

（3）学习意义的获得，是每个学习者以自己原有的知识经验为基础，对新信息重新认识和编码，建构自己的理解。在这一过程中，学习者原有的知识经验因为新知识经验的进入而发生调整和改变。

我们一般的教学程序是：复习（介绍性地进行）、讲解新课、课堂练习（个别）。这种教学法受到建构主义者的批评。他们认为，传统教学方式不仅不能向学生提供使用高认知水平技能的场所，而且容易使学生产生误解。

建构主义强调，儿童并不是空着脑袋进入学习情境的。儿童和成人（专家）对同一数学概念的理解有很大差别，基于不同体验和材料，概念具有不同的形式。在日常生活和以往各种形式的学习中，他们已形成了有关的知识经验，他们对任何事物都有自己的看法。即使有些问题他们从没有接触过，没有现成的经验可以借鉴，但是当问题呈现在他们面前时，他们还是会基于以往的经验，依靠他们的认知能力，形成对问题的解释。

但是，人们从来不能确切知道别人的建构是怎样的，因此交流起了十分重要的作用：

（1）通过使用的语言、选择的参照、选取的例子来评估他们建构之间的一致性。

（2）通过考虑那些内在一致的建构之间的表面水平来评估另一个人的建构能力。

数学教师不能无视学习者的已有知识经验，简单地从外部对学习者进行“填灌”，而应把学习者原有的知识经验作为新知识的生长点，引导学习者从原有的知识经验中，生长新的知识经验。在建构主义的课堂中，教师不应仅仅作为知识的呈现者，也不是知识权威的象征，而应该重视学生自己对各种现象的理解，倾听他们的看法，思考他们这些想法的由来，并以此为据，引导学生丰富或调整自己的解释。总之，教学不是教师简单去告诉学生就可以奏效和完成的。

(五) 情境认知理论

20 世纪 90 年代，学习理论又经历了一次重要的新发展，即“情境学习理论”的兴起。由于受到认知科学、生态心理学、大类学和社会学等学科的影响，学习的研究取向逐渐从认知转向情境，形成一种所谓情境认知理论。

情境学习理论最重要的特点之一就是以“特定情境中的人的活动”作为直接的研究对象，这里所说的“情境”不仅指自然情境，也包括社会情境；这里的活动不仅仅是指认知活动，还包括非认知活动。

情境认知（situated cognition）是情境学习理论中最重要的一个概念，其主要特征是“把个人认知放在更大的物理和社会的情境脉络中”，从而也就与认知心理学主要集中于内在的思维过程构成了直接对立。情境认知的主要观点来源于两个领域：一个是教育心理学，一个是人类学。学习的情境认知理论关注物理的和社会的场景与个体的交互作用，认为学习不可能脱离具体的情境而产生，情境是整个学习中重要而有意义的组成部分，情境不同，所产生的学习也不同，学习受到具体的情境特征影响。

情境认知理论与建构主义有着共同的哲学立场：承认数学知识的整体性、境脉性、建构性。但两者又有重要的区别：如果说行为主义心理学的研究局限于外部可观察的行为，认知主义既关注外部情境又关注知识的内部建构。

因此，可以认为情境认知理论是行为主义、认知主义的发展和融合。目前情境认知理论尚处于发展的初级阶段。

情境认知理论给学习理论的发展带来一场革命，使人们以全新的视野认识了学习的本质。但它也存在不足：

(1) 情境认知理论在解释知识从一个场景迁移到另一个场景时会面临困难。

(2) 情境认知理论可能会导致学习者产生一些偏见的固化。

(3) 学习共同体可能传递错误的价值观。

以上简单介绍了几种国外学习理论，各学习理论侧重点不同，他们有着自己的优缺点，只要对我们有用的，不妨都“拿来”，取其精华，去其糟粕。应该注意的是，学习本来就是学习者在经过训练后出现的某种变化，而这种变化是复杂的，有运动的、情感的与认识的，导致这种变化的心理机制也是多样的，有条件反射、尝试错误、顿悟、模仿等。引起这些变化的原因也是多方面的，有学习情境的因素和学习者自身的因素。现实生活中存在着各种各样的学习，目前还没有一种理论能满意地解释这复杂而多样的学习。

三、数学学习的分类

（一）数学学习的等级分类

视频 3.1.3
数学学习的分类

著名教育心理学家和学习实验心理学家加涅提出的八种类型的学习分类，是一从简单到复杂、从具体到抽象、从低级到高级的学习等级分类。数学学习也可据此分为：

1. 信号学习

信号学习是由单个事例或一个刺激的若干次重复所引起的一种无意识的行为变化，它属于情绪的反映。

2. 刺激—反应学习

刺激—反应学习也是一种对信号作出反应的学习，但它有别于信号学习的是：信号学习是自发的、情绪的行为变化，而刺激—反应学习是自觉的、肌体的行为变化。

3. 连锁学习

连锁学习是指两个或两个以上非词语刺激—反应学习的一个有序结合称为一条链。在数学学习中，某些技能的学习带有一定的操作性，它们也是一种连锁学习。例如，利用直尺、圆规、量角器等工具进行画图或作图，制作几何模型，都是连锁学习。

4. 词语联想学习

与连锁学习一样，词语联想学习也是一种刺激—反应学习链，只是这条链上的链环是词语刺激—反应，而不是运动刺激—反应。例如数学学习中的记忆三角公式。

5. 辨别学习

辨别学习就是学会对不同的刺激，包括对那些貌似相同但实质不同的刺激作出不同的识别反应。辨别学习的困难主要在于以下两种情形：一是形式相同而实质不同的两个对象。例如：直角坐标系中方程 $x=3$ 的曲线和极坐标系中方程 $\rho=3$ 的曲线，虽然形式相同但所表示的曲线却完全不同，前者是一条直线，而后者是半径为 3 的圆。

6. 概念学习

能够识别一类刺激的共性，并对此作出相同的反应，这一过程称为概念学习。概念学习的特点是抽取一类对象的共同特性，而辨别学习的特点则是识别一类对象的不同特性，这是两者的区别，在概念学习中，共性的抽取总需要有一定的区分能力，因此，辨别学习又是概念学习的前提。

7. 法则学习

法则学习是一系列概念学习的有序连锁，表现为能以一类行动对一类条件作出反应，它是一种推理能力的学习。由于数学是一个演绎结构系统，它的所有结果几乎都是以命题的形式给出，而命题实际上是某种法则，因此，法则学习是数学学习的一种主要类型。

8. 问题解决的学习

解决问题学习是加涅的学习分类体系中层次最高的一类学习，它含有发明、创造的意思。所谓解决问题，就是以独特的方式去选择多组法则，综合运用它们，最终建立起一个或一组新的、更高级的、学习者先前未曾遇到过的法则。数学家所进行的研究工作一般来说都属于解决问题学习之列。

在数学学习中，解答一般的常规性习题只能归入法则运用的范畴。只有学生事先不知道，利用先前所掌握的规律，自己独立地推导得出，才算是解决问题的学习。

（二）数学学习的二维分类

1. 机械学习和有意义学习

机械学习即死记硬背式的学习。它是指学生仅能记住某些数学符号或语言文字符号的组合以及某些词句，而不理解它们所表示的内涵。例如，对绝对值、相反数这些概念的理解，如果只是停留在表面上，仅记住公式 $|a|=\begin{cases} a & (a>0) \\ 0 & (a=0) \\ -a & (a<0) \end{cases}$，而没有理解此公式的含义，不理解当 $a<0$ 时出现 $-a$ 的原因，那么在解 $\sqrt{x^2-2x+1}$ $(x<1)$ 时，仍会出现 $x-1$ 这个答案，在化简 $a\sqrt{-\frac{1}{a}}$ 时很可能出现 $\sqrt{-a}$ 这个答案。

有意义学习是指学生不仅能够记住所学数学知识的结论，而且能够理解它们的内在含义，掌握它们与有关旧知识之间的实质性联系。例如，反证法的有意义学习，具体表现为：不仅会利用反证法证明一个数学命题，知道用反证法证命题，实际上是证明原命题的逆否命题，而且能够将反证法与先前已经学过的直接证法进行比较，指出它们之间的异同点。有意义学习结果的外显形式表现为学生能够融会贯通地运用数学知识，它的内隐形式则是学生数学能力的提高和智力的发展。

2. 接受学习和发现学习

接受学习和发现学习是两种进行方式截然不同的学习。前者是指学生以最后结论的形式直接接受所学的数学知识，其间不涉及任何学生自己的独立发现。后者恰恰相反，学习的主要内容要由学生独立发现，而不是由教师以定论的形式提供给学生。

数学中有大量的内容既可以采用接受学习形式，也可以采用发现学习形式。例如，学习三角形内角和定理、外角的性质，如果由教师直接给出定理，然后给出证明，那么对于学生来说，这一学习过程就是接受学习。如果利用画、剪、拼、凑、量的方法，让学生去发现关于三角和定理、外角的性质，再给予几何证明的过程就是发现。

从数学教育心理学研究来看，对数学学习进行分类是非常必要的。因为不同类别的数学学习，在学习的条件、学习的过程、评价的标准等方面都会有所不同，对数学学习的尽量客观准确的分类有助于教师根据相应类别的数学学习特点，对学生的数学学习作出指导。

（三）数学学习的其他分类

数学学习也可以依据不同的标准进行分类。

1. 按学习内容对数学学习分类

数学学习内容可以分为：数学公理、定义、概念、符号；数学定理、性质、公式、法则；数学技能（包括运算、处理数据、推理、画图、绘制图表等）；数学思想、数学方法等。

相应的，数学学习可分为：

（1）数学概念的学习

从逻辑学角度看，数学概念的学习就是要认清概念的内涵和外延；从心理学角度看，就是学会对一类刺激做出同样的反应。例如，“整数”概念的学习，就是要知道整数内涵正整数、0、负整数，其外延是：…，－2，－1，0，1，2，…。当遇到具体的数时，会做出正确判断，如21、0、－4都是整数，$\frac{1}{2}$不是整数。

由于数学概念具有严密的系统性，后续概念一定是在已知概念的基础上定义的，因此数学概念的学习必须是循序渐进的。另外，对同一数学概念的学习也可以有不同层次，这是一个从粗糙到精确严谨、从表面认识到本质理解的过程。

（2）数学原理的学习

这是一种在数学概念学习的基础上，对概念与概念之间关系的学习。例如，“等腰三角形两底角相等”是一个数学定理，它的学习应当在掌握“等腰三角形”“底角”（与等腰三角形的“顶角”相区别）等概念的基础上进行，而学习的重点则放在对“相等”关系的认识上（寻找为什么相等的理由）。

（3）数学思维过程的学习

数学思维过程的学习是以数学思想方法为载体，以数学思维技能、技巧和数学思维策略为手段而实现的学习。这里，数学思维策略是“动脑”的方法，是学生将已掌握的数学知识技能应用于问题情景的一些方法，而这些问题可能是学生以前没有遇到过的。

数学思维过程的学习主要包括以下内容：在阅读数学材料时如何使用“执行控制过程”引导自己的注意，有选择地知觉自己阅读的材料；如何发现和组织相关信息，如怎样使用观察、试验等方法发现数学问题的特征和规律，怎样运用比较、类比、联想等方法发现不同数学对象之间的内在联系；如何整理、组织和记忆数学知识；在数学问题解决中，怎样寻找问题的关键信息；如何解释、转换问题的各种信息（如采用文字、符号、图表、图像等手段）；怎样将已经尝试过的方法保持在头脑中；怎样权衡其假设的可能性；如何将目标进行分解；如何将部分综合成整体；在遇到困难时如何及时转换思路；如何通过具体问题的解决而归纳概括出具有一般意义的思想方法等。

值得指出，数学思维过程的学习一定是在数学基础知识和基本技能的学习过程中体现出来的。使学生形成良好的数学头脑，养成“数学地思维”的习惯是数学教学的主要目的之一，但是学生必须具备构成他们数学思维内容的数学基础知识和基本技能的坚实基础，学生无法在无知的状态下进行思考。因此，数学学习中应当将主要的时间和精力用在基础知识和基本技能的学习上，同时，要重视数学思维过程的学习。

（4）数学技能的学习

数学技能是一种通过学习而获得的自动性动作方式或操作系统。数学技能主要是一种智力技能，以运算、推理和作图等方式表现出来，它的学习要通过反复练习来完成。

这里要特别强调的是数学学习的自我控制和调节技能。

（5）数学态度的学习

数学态度，作为数学学习的一种心理和神经中枢的准备状态，是长期数学活动经验的结晶，对个体的数学活动产生直接的或动力的影响，其中包括兴趣、动机、性格等。数学态度的学习是一个长期的、潜移默化的过程，是一种内隐学习，主要通过在数学知识学习过程中渗透数学的精神、思想和方法来实现。因此数学态度的学习主要依靠数学教学中数学精神的渗透力和感召力。

2. 按数学知识的来源对数学学习分类

（1）发现学习

发现学习是指学生所获得的数学知识来自于他自己的直接发现或创造，而不是由别人传授的。数学学习中的发现学习在性质和水平上是有区别的。

数学学习中的发现学习是客观存在的。例如，当学生通过对若干具体三角形各内角的度量（这在计算机上利用几何画板软件是非常容易做到的），发现“三角形内角和为 180°”的规律，然后通过严格的几何推理论证，证实了这个规律的普遍性，这就是一个发现学习的过程。

（2）接受学习

接受学习是指学生所获得的数学知识来自于他人经验的传授，学生把人类社会已经获得的数学知识经过自己的消化和吸收，内化到自己的数学认知结构中去。

数学学习中，接受学习与发现学习的区分，主要根据数学知识的来源。如对“三角形内角和为 180°”的学习，如果是事先给出了这一命题，学习的任务是以若干具体三角形的例证来检验其正确性或者通过几何推理证明命题的正确性，那么这一学习就是接受学习；如果学生事先没有被告知命题的内容，命题及其正确性都是通过学生自己的探索而发现和论证的，那么这一学习就是发现学习。总的来说，学生的学习过程是一个新旧知识相互作用的过程，同化和顺应是学习的内在机制。因此，发现学习与接受学习同时存在于数学学习过程中。

第二节 中学生的心理年龄和认知特征

作为一名教师不仅要有足够的知识基础和教学能力，还必须了解学生的心理活动规律和心理特点，并运用这些规律和特点去确定教学目的，组织教材，选择教学方法，进行学习指导，切实完成教学任务，提高教学质量。为此本节给出了学生学习数学的一些特点及数学学习的心理过程。

一、皮亚杰的认知发展理论

认知发展理论是著名发展心理学家皮亚杰所提出的，被公认为 20 世纪发展心理学上最权威的理论。所谓认知发展是指个体自出生后在适应环境的活动中，对事物的认知及面对问题情境时的思维方式与能力表现，随年龄增长而改变的历程。皮亚杰的研究方法不采用当时流行的等实验组及多人资料统计的方式，而采用对个别儿童（他自己的女儿）在自然的情境下连续、细密地观察和记录儿童对事物处理的智能反应，属于质的研究。

皮亚杰把认知发展视为认知结构的发展过程，以认知结构为依据区分心理发展阶段。他把认知发展分为四个阶段。

1. 感知运动阶段（0—2 岁左右）

这个阶段的儿童的主要认知结构是感知运动图式，儿童借助这种图式可以协调感知输入和动作反应，从而依靠动作去适应环境。通过这一阶段，儿童从一个仅仅具有反射行为的个体逐渐发展成为对其日常生活环境有初步了解的问题解决者。

2. 前运算阶段（2—7 岁）

儿童将感知动作内化为表象，建立了符号功能，可凭借心理符号（主要是表象）进行思维，从而使思维有了质的飞跃。

3. 具体运算阶段（7—11 岁）

在本阶段内，儿童的认知结构由前运算阶段的表象图式演化为运算图式。具体运算思维的特点：具有守恒性、脱自我中心性和可逆性。皮亚杰认为，该时期的心理操作着眼于抽象概念，属于运算性（逻辑性）的，但思维活动需要具体内容的支持。

4. 形式运算阶段（11 岁及以后）

这个时期，儿童思维发展到抽象逻辑推理水平。具体表现为：思维形式摆脱思维内容，能进行假设、演绎、推理等。

综上所述，皮亚杰关于儿童认知发展阶段的观点可概括为：

（1）智力被定义为一种从环境中获得信息的运算。这种运算随着年龄而改变，并被认为是一种加工信息的逻辑结构（或图式）。

（2）发展具有阶段性，运算从一个阶段发展到另一个阶段。

（3）发展是经验和成熟的一种功能。

二、中学生数学学习的特点

视频 3.2.1 中学生数学学习的特点

（一）数学知识的特点

作为学生学习的数学知识，不应当是独立于学生生活的“外来物”，不应当是封闭的“知识体系”，更不应当只是由抽象的符号所构成的一系列客观数学事实（概念、公式、法则等）。它大体上有以下四个特点：

（1）形式化材料提供“做数学”机会。数学知识尽管表现为形式化的符号，但它可视为具体生活经验和常识的系统化，它可以在学生的生活背景中找到实体模型。现实的背景常常为数学知识的发生提供情境和源泉，这使得同一个知识对象可以有多样化的载体予以呈现。另一方面，数学知识的形成过程有时可以在教师的引导下，通过学生的自主活动来体验和把握。

（2）数学知识具有一定的结构，这种结构形成了数学知识所特有的逻辑顺序，而这种结构特征不只是体现为形式化的处理，它还可以表现为多样化的问题以及问题与问题之间的自然联结和转换，这样，数学知识系统就成为一个互相关联的、动态的活动系统。

（3）多数知识都具有两种属性，即它们既表现为一种算法、操作过程，又表现为一种对象、结构。

（4）知识的抽象程度、概括程度表现出层次性低抽象度的元素是高抽象元素的具体模型。

（二）学生数学学习的情感因素

有效的数学学习来自学生对数学活动的参与，而参与的程度却与学生学习时产生的情感因素密切相关。如学习数学的动机与数学学习价值的认可，对学习对象的喜好，成功的学习经历体验，适度的学习焦虑，成就感、自信心与意志等。

（三）学生数学学习中认知、情感发展阶段特点

虽然不同的个体，其认知发展、情感和意志要素不完全相同，但相同年龄段的学生却有着整体上的一致性，而不同年龄段的学生在整体上有比较明显的差异。具体来说：小学低年级到中年级的学生更多关注“有趣、好玩、新奇”的事物。因此，学习素材的选取与呈现以及学习活动的安排都应当充分考虑到学生的实际生活背景和趣味性（玩具、故事等），使他们感觉到学习数学是一件有意思的事情，从而愿意接近数学。

小学中段到高段的学生开始对“有用”的数学更感兴趣。此时，学习素材的选取与呈现以及学习活动的安排更应当关注数学在学生的学习（其他学科）和生活中的应用（现实的、具体的问题解决），使他们感觉到数学就在自己身边，而且学数学是有用的、有必要的（长知识、长本领），从而愿意并且想学数学。

小学高段到初中的学生开始有比较强烈的自我和自我发展的意识，因此对于与自己的直观经验相冲突的现象，对“有挑战性”的任务很感兴趣。这使得我们在学习素材的选取与呈现以及学习活动的安排上除了关注数学的用处以外，也应当设法给学生经历“做数学”的机会（探究性问题、开放性问题），使他们能够在这些活动中表现自我、发展自我，从而感觉到数学学习是很重要的活动，并且初步形成“我能够而且应当学会数学的思考”。

可见，处于不同发展阶段的儿童，其思维水平、思维方式与思维特征有着显著的差异，而处于同一发展阶段的儿童则具有较为明显的一致性，这种匹配是客观存在的，而且其发展又主要通过学习活动来实现。与此相适应，学生有效的数学学习也应当经历不同的阶段。处于每一发展阶段的学生应当有适合他们自己思维水平和思维方式的学习素材，应当经历对他们来说是有意义的学习活动。例如，同底数幂的除法：$a^m \div a^n = a^{m-n}$（$m>n>0$；m，n 均为正整数）。

方法一：因为 $a^5 \div a^3 = a^2$，$a^8 \div a^5 = a^3$，…，所以

$$a^m \div a^n = a^{m-n} \quad (m>n)$$

方法二：因为 $a^m = \overbrace{a\times a\times\cdots\cdots\times a}^{m\text{个}}$，$a^n = \overbrace{a\times a\times\cdots\cdots\times a}^{n\text{个}}$，所以

$$a^m \div a^n = \frac{\overbrace{a\times a\times\cdots\cdots\times a}^{m\text{个}}}{\underbrace{a\times a\times\cdots\cdots\times a}_{n\text{个}}} = \overbrace{a\times a\times\cdots\cdots\times a}^{(m-n)\text{个}} = a^{m-n} \quad (m>n)$$

方法三：由幂乘法法则得 $a^n \times a^{m-n} = a^{n+(m-n)} = a^m$（$m>n$），再根据除法是乘法的逆运算，可得 $a^m \times a^{-n} = a^{m-n}$，以下再去证明商的唯一性。

上述三种方法在思维水平上体现了完全不同的要求。

（四）数学学习活动是一个生动活泼的、主动的和富有个性的过程

《义务教育数学课程标准（2011 年版）》指出：“学生学习活动应当是一

个生动活泼的、主动的和富有个性的过程。认真听讲、积极思考、动手实践、自主探索、合作交流、都是学习数学的重要方式。”由于数学课程内容是现实的，并且“过程”成为了课程内容的一部分，因此课程内容本身就要求有意义的、与之匹配的学习方式。数学的学习方式不能再是单一的、枯燥的、以被动听讲和练习为主的方式，它应该是一个充满生命力的过程。

三、数学学习的过程

视频 3.2.2
数学学习的过程

（一）数学学习的一般过程

数学学习的过程，从本质上说是一种认识过程，其间包含一系列复杂的心理活动。这些心理活动中，一类是有关学习积极性的，如动机、兴趣、态度与意志；另一类是有关学习的认识过程本身的，如感觉、知觉、思维和记忆。数学学习正是借助于上述两类心理活动完成的。

数学学习的一般过程可分为三个阶段，即输入阶段、相互作用阶段和操作运用阶段。

1. 输入阶段

输入阶段就是给学生提供新的数学信息和新的学习内容，并创设数学学习的情境。在输入阶段，一方面要激发学生的学习动机和学习兴趣，另一方面要通过诸如必要的复习等手段强化与新知识有关的观念，使学生具备必要的认知准备。

2. 相互作用阶段

学生原有的数学认知结构与新学习的内容相互作用有同化和顺应两种基本方式。同化是指主体将外界客体纳入自身已经形成或正在形成的认知结构中去；顺应是指当主体的认知结构不能有效地同化客体时，主动调节和改变原有认识结构以适应外界客体的过程。

3. 操作运用阶段

这一阶段是在第二阶段产生新的数学认知结构的基础上，通过练习等活动，使新学习的知识得到巩固，通过进一步解决数学问题，使新的数学认知结构日趋完善，并达到预期目标。通过这一阶段的学习，学生不仅掌握了一定技能，而且学生的能力也得到进一步的发展。

上述数学学习的一般过程如图 3-2 所示。

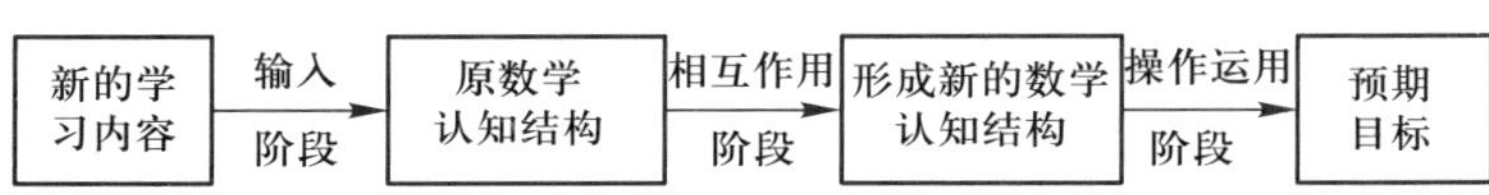

图 3-2

（二）数学学习的特殊过程

数学学习的特殊过程指的是数学知识、数学技能和数学问题解决的学习过程。数学知识是人们对客观事物空间形式和数量关系的认识，是人们对客观世界量的侧面的经验概括，它包括数学概念、数学命题、数学思想和方法以及数学史知识等。

数学技能是通过训练而形成的一种动作或心智的活动方式，中学数学的基本技能是指按照一定的步骤与程序进行运算、简单推理以及画图、绘制图表、处理数据等。

数学问题解决是在具备了一定数学知识、形成了一定数学技能的基础上，综合运用数学能力解决问题的活动。

理解·反思·探究

1. 什么是学生意识?数学教师如何才能树立学生意识?
2. 什么是数学学习?有什么特征?
3. 结合具体教学内容谈谈行为主义学习理论对教学内容的影响。
4. 结合具体教学内容谈谈认知主义学习理论对教学内容的影响。
5. 结合具体教学内容谈谈人本主义学习理论对教学内容的影响。
6. 结合具体教学内容谈谈建构主义学习理论对教学内容的影响。
7. 结合具体教学内容谈谈情境认知学习理论对教学内容的影响。
8. 分别调查初中学生、高中学生的数学学习的特征以及年龄特征。
9. 结合具体教学内容谈谈如何才能做到以学定教。
10. 选择一名有经验的数学教师，对该教学进行访谈，了解该教师对于学生多样化的看法，弄清楚该教师每天面对这么多学生，是如何做到照顾到每位学生的。你可以从以下几个方面进行访谈：

（1）在你教学的班级中，学生都有哪些类型的需求?

（2）你如何考虑到学生们的需求、兴趣和看法的?

（3）当你将学生看成不同个体来对待时，遇到过哪些挑战?

（4）在我即将成为一名教师面对学生时，你对我有什么建议?

拓展阅读导航

[1] 克鲁切茨基.中小学生数学能力心理学[M].赵裕春，等，译. 北京：教育科学出版社， 1984.

[2] 科普兰.儿童怎样学习数学：皮亚杰研究的教育含义[M].李其维， 康清

镳,译. 上海：上海教育出版社， 1985.

[3] M 苏珊娜·多诺万，约翰·D 布兰思福特.学生是如何学习的：课堂中的数学[M].史亚娟，译.桂林：广西师范大学出版社，2011.

[4] D C 菲利普斯，乔纳斯 F 索尔蒂斯.学习的视界[M].4版.尤秀，译.北京：教育科学出版社，2006.

第四章　怎样研读数学教材

要点提示

- □ 明确研读教材的重要意义以及研读教材的方法。了解教材分析的方法主要包括：教材内容分析、教材结构分析、教材功用分析、教材心理分析、教材教学分析等；教材处理的基本方法包括：教材内容调整、教学内容加工。掌握分析和处理教材的基本方法，并能结合所给案例应用这些方法分析、处理教材。
- □ 教材地位和作用指所教内容在教材体系中的意义以及该内容对学生的学习和终身发展、科学技术、社会发展的作用。须结合具体教材，理解确立教材地位与作用的基本方法。
- □ 挖掘教材例题价值的主要途径：深入研究例题的解法，合理利用教材例题背景内容，明确教材例题设置的目的性，注重例题解答的分析，重视对教材例题的延伸，实现教材例题的教育性。

学习目标

- □ 在研读教材的基础上，了解分析教材的意义，掌握分析和处理教材的基本方法，并能在教学设计中具备独立分析教材的能力。
- □ 掌握确立教材地位与作用的基本方法，合理定位教材的地位与作用。
- □ 掌握如何正确发挥教材中的例题功能。

导入

研读教材是教师进行教学设计的基础性工作：从教

学工作层面看，教材是最基本和最主要的课程资源，教材是课程标准直接而全面的体现，是实现课程目标的重要载体；从学生层面看，数学教材是课堂上学生学习的主要客体和对象，为学生的数学学习活动提供了主要课程资源和基本线索，是学生与他人、生活、社会、自然等联系的桥梁和纽带；从教师专业素质层面看，对数学教材的理解和把握从根本上影响和制约着数学教师的专业发展，教师读教材、研教材、用教材的能力是专业素养和教学水平的直接反映；从实践层面看，那些层次不清、重点不明、效果不佳的数学课堂几乎都是教师对教材解读不够、研究不深所致，那些如行云流水般条理清晰、省时高效、课程目标整体实现的课堂，都是教师深刻理解、把握教材的行为体现。

第一节　怎样分析和处理教材

为了更好地分析和处理教材，首先要研读教材。

视频 4.1.1 教材分析与学习目标

一、研读教材的意义和方法

研读教材是教学设计的基础和核心环节，也是教师上好课的必要前提。要使研读教材达到一定的深度和效度，教师首先要明确数学教材是什么。

教材作为课程内容最为集中的体现，直接影响着教师的教和学生的学。教材是教学的“范例”和“基本方向”。教材有广义和狭义之分，广义的教材是指教学中所有的素材，也即指教师指导学生学习的一切教学资料。狭义的教材特指教科书，专指师生在课堂中使用的课本。本书的教材主要指教科书。

数学教材是学生从事数学学习、教师从事数学教学的一个“范本”。数学教材是教与学的主要依据，也是教师与学生相互作用的中介，更是学生获取数学知识、开发智力和发展数学能力的源泉。数学教材是学生从事数学学习的基本素材，它为学生的数学学习活动提供了基本线索、基本内容和主要的数学活动机会。对学生而言，教材是他们从事数学学习活动的“出发点”，而不是“终结目标”。如果用一句简短的句子进行概括，即：它是教师进行教学活动的主要依据，也是学生进行学习活动的主要基础，它是师生完成教与学双边活动必不可少的媒体。

研读教材的直接目的是为了提高教师研究教材、驾驭课堂的能力，最终目的是为了提高课堂教学质量，推进素质教育的实施。为此，我们应把研读教材与教育教学的实践活动结合起来，真正做到研有所得。

那么，到底如何研读教材呢？要努力做到：仔细揣摩，透彻理解，瞻前顾后，反复琢磨。即努力把握教材内容本质，提炼教材的重点和难点，仔细揣摩教材中提出的问题（如给出的例题、习题）等，挖掘教材的数学思想；要善于思考，多问为什么。如教材为什么这样安排？这样安排是否符合数学发展的逻辑体系？是否符合学生的认知发展规律？教材呈现了哪些内容？为什么要这样呈现？根据教材内容设计哪些相关的数学活动？通过这些数学活动要解决哪些问题？达到什么目的？

另外，要从编者的角度，从自我解读的角度，从学生学习的角度，从他人评价的角度等方面予以思考。

要理解教材编写意图必须挖掘教材编写的明线、暗线、虚线。

1. 明线

明线——指教材中的知识系统、各章节知识要点、目的或梗概。理清并掌握这根明线，不仅是备好课的基础，同时也是备好课的先决条件。

2. 暗线

暗线——教材内在和本质的东西，即所教知识的发生、发展过程。在备课中要花大力气，系统总结教材中的知识、概念、定理及定律等。找出它们之间深层次的联系，并能围绕一主线，把知识点串联起来，把零碎的分散的知识条理化、系统化。教师要具备较强的思考、分析及归纳能力，才能对教材进行由浅入深、由表及里的整理。

3. 虚线

虚线——学生的生理发展、智能发展、兴趣、动机、情感发展、知识和能力起点、学习习惯与经验、学科的基础知识和经验，以及教材中涉及其他学科的知识。

研读教材的基本流程有“研读、研讨、建构、辨析”四个环节。

（1）研读：包括初读和细读两个部分。初读主要围绕教材所呈现的内容进行浏览，在浏览的基础上弄清教学目标和教学知识点。细读则是结合课程标准，结合教学目标，结合教学知识点来确定教学内容和教学策略。

研读什么？一是研读标题，二是研读内容。研读标题是前提，标题是一节课或一单元内容的主题，文字虽少，但却是教学内容的最集中体现，也是一课的灵魂所在。

怎么研读标题？研读标题要讲究顺序，由大到小，由宏观到微观。只有把握好这种顺序，才有可能正确理解所讲内容在教学中的地位，把握教学侧重点和层次。标题中的关键字，要逐字分析。

（2）研讨：包括交流和讨论两个部分。交流和讨论是研读教材过程中必不可少的环节。研读者可以集体讨论，也可以和个别教师商议。在研讨中，教师思维碰撞，相互启发，取长补短，共同提高。

（3）建构：就是寻找教材内在的关系，建构知识的联系。通过了解教材间知识点之间的关系，将这些内容连贯起来，使知识点浑然一体。

（4）辨析：辨析教材的重点和难点。通过研读教材，辨析教材中哪些是教材的重点和难点。

此外，研读教材还应当遵循理论与实践相结合的原则，间接经验与直接经验相结合的原则，继承与创新相结合的原则等。

在认真研读教材之后，教师就可以开始进行教材分析了。

二、教材分析的意义和原则

（一）教材分析的意义

教材分析是指教师认识教材的结构特点与教育功能的过程。这是教师为完成教学任务必须进行的基础工作，是提高教学质量的必要前提。具体而言，分析教材对教学可起到以下的作用。

1. 有利于全面实现教学目的和任务

数学教学的目的不是单纯为了传授知识，而是在传授知识的同时要培养学生一定的思想品德，发展学生的智力。为了实现这一目的，数学教材必须在提供知识的同时，提供培养学生思想品德与发展学生智力的内容和条件。然而这些内容和条件大多包涵于数学知识之中，只有经过认真分析教材，才能认识它们、把握它们。可见，教材分析可以使教师深入细致地认识教材，成为全面完成教学目的的有效措施。

2. 有助于教师认识教材的结构特点

任何教材都有一定的结构，这种结构就是各知识之间联系的形式。然而在教材各种知识内容之间的这种联系是很复杂的，它们除具有科学体系的联系之外，还有认识体系与表述体系的联系。即一套数学教材是由三种知识体系相互渗透、相互联系才形成了自己的教材结构。教材的这种结构特点决定着教材的教育功能，教师只有认识和把握教材的结构特点，才能正确地使用教材。但正是由于数学教材结构的复杂性，只通过一般性阅读和分析是不能奏效的。必须使用科学的方法、经过认真的剖析才能认识和把握教材的结构，进而正确地使用教材。

3. 便于教师协调各局部教材之间的关系，发挥教材的整体功能

组成数学教材的各种局部教材，如各个单元、章或节等，都是相对独立的教材单位，通过教材分析可以了解各局部教材之间的关系，弄清它们在整体中的地位和作用。根据这种分析的结果，教师就可以从教学时间分配、教学内容的组成和衔接等方面，协调各局部教材之间的关系，从而充分发挥教材的整体功能。

4. 为教师选择教学方法、撰写教学设计提供可靠的依据

教师熟悉教材的性能是选择教学方法、撰写教学设计的基础，而且对教材的认识程度直接关系着教学方法设计的水平，进而影响着教学的质量。通过教材分析，可使教师深入了解教材的内容组成、结构特点及教材在知识、技能、思想品德、智力等方面的教育功能，为制定教学方案，确定教学目的和任务、重点和难点，选择教学方法和设计教学过程、课型和课堂结构等方面的工作，提供较为准确的依据。

（二）分析和处理教材的基本原则

视频 4.1.2
理论点拨

分析教材，就是将教材分解开来，认识它的每个部分或每个层次的实质，乃至整个教材的实质，通过综合获得对教材整体的深刻认识的思辨过程。在教学过程中，分析教材是教师不可缺少的工作，它需要对教材内容的各组成部分的相互关系及其规律进行分析。教师通过分析教材才能考虑到课堂讲授中需要的教具、条件、最优化方法和步骤，有助于学生对学习内容的理解。

处理教材就是经过一定精选、加工、组织，将知识信息由存储状态，转

变成有利于学生接受和加工的可输出状态。简言之，就是将教材内容转化为教学内容。分析教材为处理教材提供了基础，处理教材是对教材的分析结果进行整理和教学加工的过程。

分析教材应以数学课程标准和学科基础理论为指导。教师应注意钻研课程标准，研读教材，分析学情，做到有的放矢。分析教材应遵循科学性、系统性、思想性、创造性原则。

1. 科学性

研读教材的科学性目的是掌握教材的知识体系和逻辑体系，真正理解教材的本质，从而为教学设计提供科学依据，其具体的研究内容如下：

(1) 研究数学概念。数学概念是数学思维的细胞，教师研究数学概念，要掌握概念的发生和发展过程，掌握概念的逻辑结构及定义的方法，掌握概念的分类原则及应用范围，并明确此概念与相关概念间的逻辑关系。

(2) 研究公理、定理、公式和法则。对公理、定理、公式和法则的研究，不仅要掌握结论，更要注意条件和应用，要研究论证、推导的方法，研究它们的等价形式和能否推广等。

(3) 研究教材中数学方法和逻辑方法。数学在发展过程中，已形成了自身独特的科学方法，教师在传授知识的同时，应有步骤、有计划地向学生介绍有关的数学思想和数学方法。为此，教师在研读教材时应对这些数学方法和逻辑方法认真研究，研究这些方法的实质及应用，研究这些方法的使用范围，以及如何开展教学等。

2. 系统性

教材的系统性体现在教材的知识体系和逻辑结构中，教材的逻辑结构和体系既有联系又有区别，逻辑结构只考虑内容间的逻辑关系，教材体系的建立除了要考虑逻辑关系外，还要考虑学生思维发展的特点。研究教材的系统性可以从两个方面进行：一是从整体到局部，先把握教材的整体结构和知识体系，然后深入研究每章每节的结构和体系；二是可以先从章、节入手，然后整理出教材的整体结构。

3. 思想性

数学教材的思想性寓于教材内容之中，教师要注重研究教材中体现的对立统一观点、发展变化观点、质量互变观点等。

4. 创造性

创造性是指教师分析教材时应体现出自己的风格与特色，创造性地使用教材。创造性是教师对教材处理之魂。教师对教材处理的最高目标为培养学生思维的创新性。因此，教师在处理教材时，应想方设法地创造机会，给予学生充分自由发挥与想象的空间，让他们在自主操作的过程中形成良好的个性思维品质。切忌教师对一切都包办代替，抹杀了学生的主动性、积极性和勇于探求的愿望。

教材分析的基本方法和基本要求如下：

（1）根据课程标准，分析教材的编写意图和教材的特点。

（2）分析教材的知识结构、体系和深广度。

（3）以整体为背景，分析教材各部分的特点。

（4）分析教材的重点，掌握处理重点的方法。

（5）分析教材的难点，掌握处理难点的方法。

（6）在分析教材的基础上，酝酿设计教学过程，确定教学方法。

总之，教师应正确分析教材，从学生已有的知识水平出发，运用科学有效的教学方法，从而提高教学效果。

三、教材分析的方法

视频 4.1.3
教材结构分析、教材心理分析和教材教学分析

教材分析一般是按照“由大到小、由粗到细”的过程进行。“由大到小”是就其范围而言的，即先进行学年学期的总分析，再进行单元分析，最后进行课时分析；“由粗到细”，指的是分析的深度，在整个备课过程中，对教材的分析至少要三次：第一次是开学前对整体教材的通读把握；第二次是对一个单元教材认真仔细的重读；第三次是更加深入地细读一节课的教材。根据分析的内容，教材分析可以分为教材内容分析、教材结构分析、教材功用分析、教材心理分析、教材教学分析五个方面。

（一）教材内容分析

教材内容分析是教材分析的核心所在。教材内容分析要完成以下诸“点”：

1. 内容要素分析，把握知识要点

要明确一节或一章教材的基本组成部分包含哪些内容，它们与本节或本章的主旨有怎样的关系，以此把握教材的整体面貌。

2. 要素主次分析，明确知识重点

教材内容要素并非总是并列关系，是有主次轻重之分的。通过分析加以区别，就能够抓住重点，找到关键。我们认为，那些最基本、最核心、最主要与最关键的知识内容应成为重点。重点是一种客观存在，它取决于自身在教材结构中的地位，教材重点一般就是教学重点，但是，教学重点有时在范围上要大于教材重点。

任何学科的教材都有一定的知识结构，主要体现在学科的逻辑系统上，同时也照顾到学生不同年龄的心理特点和发展水平。但是，根据同一课程标准编写的教材，其知识结构往往也各不相同；即使同一教材，不同教师在具体处理时，知识结构的安排也不尽相同。如何选择一个最佳的结构，使学习产生最好的效果呢？教师普遍采用的方法是抓教材重点。这是我国很早就有的从厚到薄、由博反约、以简驭繁、以纲带目的处理教材、组织教材、使教材知识结构优化的方法。

3. 联系比较分析，明确知识特点

一门课程的教材内容往往是按照螺旋上升加以排列的，因此，常有“类似”情形出现，特别是一章或一单元之内的诸节，或诸篇更有许多相近之处。如果不加以区别，不仅会给学生造成认识上的混淆，也容易因雷同而降低兴趣。而通过相互比较、同中见异、异中见同、凸现特点，就会给学生以深刻印象或新鲜感。

4. 针对设想分析，判断教材难点

教材难点是针对学生学习时，可能发生较大困难而言的，因此，带有很强的相对性与主观性。这就需要教师联系学生的知识基础和认知能力进行设想分析，以判断出针对一般学生而言的难点。教材难点具有双重属性，一方面，可能成为学生学习的绊脚石；另一方面，也可能成为发展学生智力与毅力的试金石，所以，应予以特别重视。

5. 教材底蕴分析，明了教育渗透点

每一门课程包括每一具体教材，都是人类文明成果的一部分，人类智力活动的结果，凝聚着前人或他人的智慧、精神和品格，积淀着具有普遍意义及永恒价值的思维方式、思想观念、价值取向和精神追求等。只有通过对教材的纵深开掘或是广域探索才有可能获取这些深刻的内涵。这些东西是建构人格素质最有用的成分，有助于在教学中自觉而有力地渗透整体性教育。

（二）教材结构分析

教材内容可以看成由若干个相互区别、相互联系、相互作用的基本内容组成的。这里的基本内容是指该内容完整地阐述了一种概念，不同的基本内容所包含的概念是有所差异的。教材结构的分析就是分析这些基本内容在意义上和方法上的相互关系。我们按各基本内容意义上的相关或不相关的逻辑关系，把各基本内容分为相容结构与不相容结构两大类。相容结构可分为关联结构与相似结构，不相容结构可分为互反结构和独立结构。

1. 关联结构

关联结构是指各基本内容间存在着相互联系，主要有三种情况：

（1）递进关系，就是从一个基本内容中的概念出发，按照先后顺序，层层深入展开和延伸，最终扩展成多个包含于原概念相关概念的基本内容。这种递进关系体现基本内容之间的纵向联系。

（2）并列联系，就是表现为两个基本内容都是由同一基本内容扩展而成的，或两个基本内容结合为一个新的基本内容，体现了基本内容之间的横向联系。

（3）交叉关系，就是如果两个基本内容并不是彼此孤立、毫不相干，而是既有区别又有联系，表明了基本内容之间存在着共性与差别。

2. 相似结构

相似结构是指各基本内容间存在着意义相近或者在内容处理方法、分析与解决问题方法上基本相同。相似的基本内容可能反映着同一事物，而反映的内容各自有所侧重，也可能在某个方面彼此一致，只是在深度和广度上体现出一些差别，或者各自反映的内容不同，但处理的方式、方法或形式上是一样的。

3. 互反结构

互反结构是指两个基本内容意义上相反。这种结构包含着既相互联系，又相互区别的两方面。在教材中具有这种结构的两个基本内容关系表现为两种情况：第一种情况，这两个基本内容为同一个基本概念在两个不同的方向上扩展的结果，此时这两个内容在处理方法上有相似之处；第二种情况，为了强调其中一个基本内容的正确性，用其相反意义的基本内容加以比较说明。

4. 独立结构

独立结构是指一个基本内容与其他基本内容之间其内容毫不相关、意思彼此独立。一般而言，独立结构是一种相对的和局限的结构。一方面，教材不可能把本门学科的全部知识包含在内，前面教材中互相独立的内容在后面教材中可能又相互联系；另一方面，知识内容是不断发展和充实的。

教师在教学前要对教材结构进行分析，了解教材内容的相互关系。在教材结构分析时，要先确定教材的基本内容。在确定基本内容时，要考虑基本内容的完整性、单一性，又要考虑教材的整体内容和前后教材内容关系。通过对教材结构分析，教师对各基本内容和前后教材之间的关联性、相似性、互反性与独立性等本质关系会有一个比较好的了解，对怎样恰当分配各部分的教学内容、采用什么教学方法、哪些内容是教学难点，就能做到心中有数，不仅可使学生了解该门学科的特点与知识结构，也可使学生牢固地、融会贯通地掌握学科中的基本知识，提高学生进行分析问题、解决问题的能力。

（三）教材功用分析

教材功用分析，即具体教材的功能、作用、意义分析。首先，数学教材作为一般文化具有两大功能（教育性和实用性）。分析教材时，须兼顾这两种功能的发挥。其次，数学教材作为特殊的文化又有其独特的课程任务与目标，肩负着特殊的育人使命（理性启蒙）。数学学科着眼于数理逻辑、数学方法、思维的学习，把握这一点就相当于把握了数学教材使用的要义。最后，同一数学教材中的不同章节与不同部分的内容，又有其具体的功用和学习的意义，这是平时备课中要大量加以认识的问题。明确知识的功用和学习的意义，有助于激发学生学习的动机，把他们导向实践领域，促进知识的迁移。

与教材功用分析相关的一个问题是领会编者意图，教材的功能具有客观性，而教材的使用又具有主观性，这就是编者意图。与教材功用相关的另一个问题是教材使用的条件分析，如知识学习的相关背景、基础，知识应用的已知条件、联想线索，认识这些条件进而创造性地提供这些条件，就会使教学得以顺利进行。

（四）教材心理分析

教材心理分析就是分析学生对这一课时教材的认识，即把握学生学习的基础与原始知识状态。例如，学生对向量并不是一无所知，学生从直观中可以感知向量的大小与方向，但是不知道它的确定含义。

（五）教材教学分析

教材教学分析是指从教学的角度分析教材，即如何把握这一课时的重难点。例如，“向量数量积的运算律”这一课时的教学重点是向量数量积的运算律及应用，难点是向量数量积分配律的证明。

当然，教材分析没有固定的模式，具体到不同的领域、不同的单元，分析的角度及形式可能是不同的，但具体的分析角度应该是一脉相承的。

在分析教材的基础上，应如何处理教材呢？

四、处理教材的途径

分析教材为处理教材提供了基础，处理教材是对教材分析的结果进行整理和教学加工的过程。我们在现实的教学活动中，应该灵活使用教材，敢于打破教材的纲目安排。那么认真分析教材之后，怎样处理教材呢？

（一）重点和难点的确立

课程标准确立了最基本的要求，但是在实际教学活动中，还需要结合具体的情况，确定教材的重点和难点。那么，如何处理教材的重点和难点呢？

1. 如何确定教材的重点

重点是教材中的核心，只有理解了教材的重点内容才能理解其他内容，才能起到触类旁通的效果。任何学科的教材重点都是从已知的旧知识中引申出的新知识，是需要着重讲解的部分。因此，确定教材重点，首先要找出哪些是已学过的旧知识，或以旧知识为基础的，这部分知识学生容易接受。然后，找出学生过去没有接触过的，甚至一点也不了解的全新知识，从而确定教材的重点。

2. 如何确定教材的难点

教材的难点是指学生学习困难所在。学习上的困难经常是对问题不理解。难点产生的原因，是教材科学体系与学生接受水平、智力发展的差距造成的。具体表现如下：

（1）知识点与已有的知识不一致，一些概念是学生难以接受的。

（2）知识点与实际经验不一致或难以观察得到的。教材中的一些内容是学生生活中没有经验过的，学生很难理解。

(3) 知识点与知识水平有直接关系。有时需要经过长时间的练习、体会才能理解和灵活动用。有些难教、难学的内容，要在一个教学过程中进行多次处理。

此外，教材中有些内容对掌握某一部分知识或解决某一类问题起到决定性作用，这些内容就是教材的关键点。作为教材的关键点，它对突破难点、突出重点往往具有重要的作用。一旦掌握好教材的关键点，与其相关内容的教学就可以迎刃而解。

（二）教材的重组

教材重组是课堂教学活动的一个大胆设想，毕竟教材的编写是由很多专家进行的，是很多人智慧的具体表现。许多教师在实际教学活动中，往往过于尊重教材的设想，所以在实际教学中显得放不开手脚，这就很容易造成教学活动的不顺畅。事实上，教材的编写是为了适应更多学生的需求，这样就使得教材的内容可能难以适应具体的课堂教学，作为教师，应该有意识，也应该有这样的能力去加工重组教材，以更加适应我们的课堂教学，突出教学的特点。处理教材的途径一般有以下几个方面：

1. 教材内容调整

教材内容的调整包括：① 删减。即从内容上对教材进行取舍和调整。如果教材内容远离学生生活实际而又不利于提高学生能力，可对教材进行删减。② 添加。即从课外精选具有时代气息或是学科前沿成果的资料，补充到教学内容中来。③ 改编。教材中有些内容不够准确、完善，或者有些内容枯燥、缺乏创造性，不利于调动学生的积极性，这要求教师在具体分析、研究教材特点和学生心理的基础上进行改编。④ 补充和扩展。教师对教学内容做适当的补充和扩展，开阔学生视野，提升学生能力。这也是对教材内容进行调整的一个重要方面。⑤ 活化。即将教材中的例子，特别是例题加以适当改造，使之一题多做或是多解，以达到活化教学内容，激活学生的思维，促使学生主动学习的目的。⑥ 调序。教师可从有利于提高教学质量的角度，对教材内容进行合理的整合或适当的顺序调整，使之有利于教学活动的展开，更符合学生的接受水平。

视频 4.1.4
教材内容调整

视频 4.1.5
教材内容组织

2. 教材内容加工

教材加工即教师在一定的教育思想指导下，根据自己的教育理论和教学经验，深刻剖析教材，并结合学生已有的知识结构，对教学内容进行有目的地重组、提炼和整合等进一步加工，以达到激发学生学习兴趣，使之更易于消化和吸收的目的。

教材内容加工的主要目的是：增强教材的教学功能，便于学生理解和记忆。依据学习材料的特点可分为两种加工策略。一是自身意义性不强的材料，可采用人为的联想策略，使这些无意义的材料与已有知识经验产生联系，人为地赋予意义；二是自身意义比较强的材料，比如定理、法则、课文，就要采用内在联系策略，进行深水平的意义加工。

案例　引言的教学功能

高中数学平面向量中的“向量的线性运算”，在本节前有一段引言，用一个实际问题引入向量。那么，教材中的这引言的教学功能是什么？即这段引言的编写意图是什么？如果还无法回答这个问题时，可以把问题问得更为明确：编者为什么要写这一段引言？大多数教师的回答是“为了引入向量”，只有个别人说是“为了说明引入向量的必要性”，很少有人能从唯物辩证法的高度来认识“数学源于生活”的典型案例。

一般地，教材中在每一章的开头都有章引言，有的还配有与本章内容配套的图片——章头图。章引言通常是对本章所涉及的教学内容、思想方法做一个简要的介绍，章头图往往是展示本章内容在科学技术中的应用，传播数学文化等。例如，圆锥曲线这一章的章头图展示了圆锥曲线性质的应用——雷达的抛物面天线、人造地球卫星运行的轨道画面等。但是，在教学中，往往对章引言、章头图的作用认识不足，不为人们重视。如何使学生对本章将要学习的内容、结构，甚至思想方法有一个大致的了解，发挥章引言的“先行组织者”和“导游图”的作用。

通过章引言的教学，可以使得学生对全章的学习内容在总体上有初步了解，以帮助学生高屋建瓴地认识学习内容，形成良好的知识结构。比如，“三角变换”这一章，在学习了两角差的余弦公式之后，通过“如何认识、研究这个公式”不仅可以让学生展望今后学习的内容，还能够感受数学研究问题的一般方法。从特殊到一般，从函数的角度认识、从方程的角度认识等，学生不仅看到了知识的来龙去脉，还看到知识的“生长”过程，感受到内在的逻辑关系，在知识的联系中学习知识，从而掌握研究问题的基本方法。教师可以引导学生自己提出许多要研究的问题，主动开展本章的研究，甚至可以把后面的课上成研究结果展示课、汇报课，这对与培养学生的能力是十分有利的。实践证明，这样做可以收到很好的效果。

章引言的教学要设置恰当的过程。章引言毕竟是“引言”，不是对全章内容的全面认识，把握好“度”，做到“恰当”二字就显得必要。特别要注意引入过程自然，对于需要建立较多概念才能介绍清楚的章引言，可以不在第一课时展开。

此外，在教学过程中，不要增加学生的负担，让学生产生畏惧心理。全面认识本章要靠后续若干课时的学习来完成，开始只介绍一个概貌。比如“数列”一章的起始课，建立了数列的概念之后，介绍“它是刻画离散过程的重要数学模型”，学生能够接受，再介绍一般数列的表示方法，进一步研究两类重要的数列——等差数列和等比数列，解决与这些数列相关的问题，了解它们在实际生活中的应用。对于“等差数列”“等比数列”这些较为生疏的概念，不适合放在起始课介绍，要通过后面的学习逐步了解。

章引言的教学，内容涉及面往往较广，时间跨度往往较大，知识储备往往要求较多，因此，一般是“虚”的多一些，“实”的少一些；宏观的多一些，微观的少一些，宜粗不宜细。

第二节　怎样确立教材的地位与作用

教材地位和作用的分析，可从宏观与微观两个方面来进行。

视频 4.2.1
如何确立教材地位与作用

宏观方面是指从整体出发，把握教材的整体思路，领悟教材编写的指导思想和原则，对一个学期、一个年级、一个学段及相邻学段的教材进行全面分析。通过对教材从整体上分析，了解教材的整体结构特点与教材的基本内容，弄清教材内容的组织是怎样循序渐进地加以进行的，教材的课程目标是如何从整体上和局部上体现的，教材编写意图的分析、内容选取、程度要求、呈现方式、风格特点及内容分布等。

视频 4.2.2
从宏观和微观两方面分析教材的地位与作用

微观方面则指一章或者一节教材，是教材的基本结构单位。通过微观层次的教材分析，可以使一章、一节教材中包含的成分，这些内容成分之间的关系、与其他章节之间的关系、与课程目标与课程具体内容标准的关系得以明确。微观方面的教材分析，通常也理解为熟悉教材中的教学内容，分清重点、难点，找出关键点。教材是教与学的依据，不以教材为基础的数学课堂会失去方向，教学质量也没有保障。但是有些教师对教材的认识存在两种极端误区，从而影响教材的处理。一种误区是将教材神圣化，教条化，将其视为神圣不可侵犯，忽略学生主体和教学实际，盲目迷信教材，对教材不做任何处理，不敢越雷池半步，将“用教材教”误读为“教教材”。另一种误区是还未读懂、读透教材，便凭经验肆意更改或舍弃教材资源。我们鼓励创造性地使用教材，但这是基于充分挖掘教材内涵，领悟和内化教材的编写意图的前提下的，失去根基的盲目“创新”，容易背离教学本质，弄巧成拙。

确定某节或某课时教材的地位和作用，需先确定整章内容在教材体系中所处的地位和作用，梳理整个教材体系，将教材内容分类归纳，把握整体的知识体系，再了解单元内课时与课时之间的联系，做到对一节课在整章、整个教材体系中位置和作用都心中有数。此外，在关注教材的知识体系外，亦要从教材文本的表象信息中读出数学思想方法这条暗线，细心体会教材编者的意图。

（一）从教材体系出发，确定教材地位和作用

案例 1

“合并同类项”是浙教版教材七上第4章“代数式”第五节的内容。这一章包括“用字母表示数”“代数式”“代数式的值”“整式”“合并同类项”“整式的加减”几节内容。分析课程标准和教材可知，七上的第1章“有理数”、第2章“有理数的运算”、第3章“实数”、第4章“代数式”和七下第3章“整式的乘除”、第4章“整式的乘除”、第5章“分式”前后衔接紧密，一脉相乘，属于初中阶段“数与代数”这一大块内容中的“数与式”。“代数式”既是对七上前三章的深化与应用，同时又是学习七下那三章的重要基础。

在“代数式”这一章中，“合并同类项”是本章的一个重点，是在学习了有理数运算，用字母表示数，代数式的值，单项式，多项式的基础上，对同类项的合并进行探索研究。合并同类项的法则建立在数的运算的基础之上，是有理数加减运算的拓广与延伸，让学生体会到“分类”“合并”的意义。合并同类项的法则在整式的加减中有所应用。此外，合并同类项也是下一章学习等式的基本性质，是解一元一次方程的铺垫性知识，亦是后续学习解不等式的基础。

【评析】本案例先从整体上分析“合并同类项”所在单元在整个教材体系中的位置与作用后，然后研究了“合并同类项”在“代数式”这一章的地位与作用以及与前后章节的联系。将一节课置身于整个单元和教材体系中，梳理归纳知识体系，使内容纵向成线，承上启下。

（二）借助结构图确定教材的地位与作用

案例 2

片段 1 确定“函数”教学内容的地位与作用。

函数是中学数学最重要的基本概念之一，在中学教材中，函数教学大致可分为两个阶段，第一个阶段是在初中用运动变化的观点形象地刻画函数概念。第二个阶段就是高一，用集合、映射的思想刻画函数的概念，从而揭示了函数概念的本质。从图4-1的知识结构简图可以看出，函数这节内容在本章中具有承上启下的重要作用。

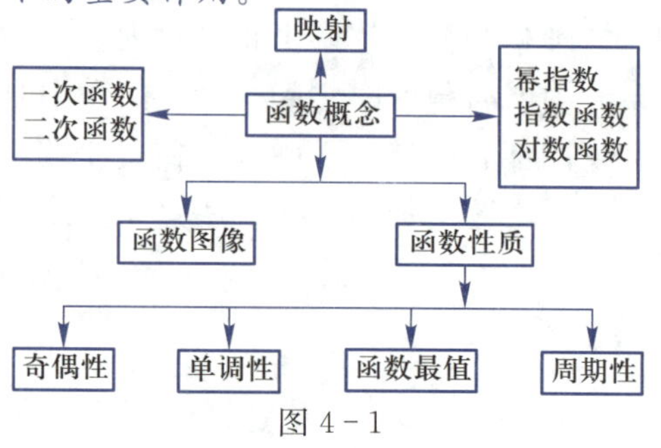

图4-1

片段 2　为了更好地让学生明确学习目标，从而方向性较强地进行复习，以框架图或表格的形式呈现给学生，可以使学生对知识要点的把握一目了然，轻松而高效地进行复习，少走一些弯路。如教师的教学参考书九上第四章“相似三角形”的知识框架图，如图 4-2 所示。

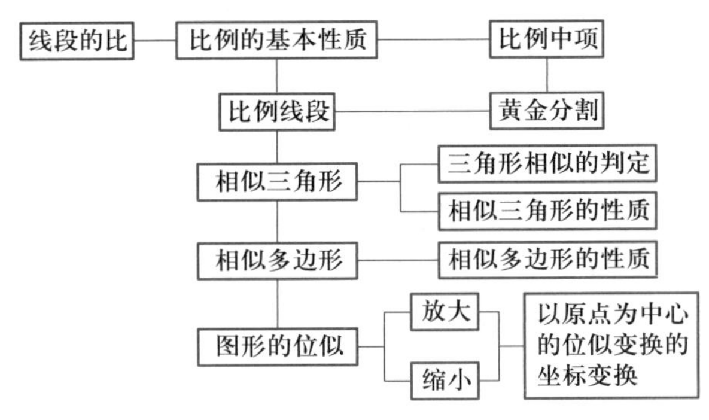

图 4-2

【评析】本案例的片段 1 利用结构图说明了“函数”内容在整章教学内容中的地位与作用，结构图的刻画可以帮助教师直观感受教材的中心点在哪里，从而把握重点，明确教材各内容的地位和作用。片段 2 一方面说明结构图不但可以体现教材内容的作用与地位，而且还可以直观归纳具体知识，确定具体知识的作用，另一方面说明教师可以选取合适的教学参考书，从而辅助教学，确定教材内容的地位与作用。

（三）从学生角度出发，确定教材的地位与作用

案例 3

本案例取自《基于学生未来发展的初中数学教学——谈新浙教版七年级方程教学》中的片段。

从学生的认知角度看，在小学的学习过程中对“用字母表示数”“了解实际情景中的等量关系”“利用等式性质解简单方程”已经有了一定的知识基础，已经掌握了一定数与字母、字母与字母之间的等量与不等关系，会用方程表示简单情景中的等量关系，正因为如此，在初中阶段展开更加深入的方程学习，在学情上是可行的，是符合学生思维发展的。

从学生发展角度看，通过方程学习，可以进一步发展学生的符号意识。增强运用数或字母等描述量的能力。加深对字母在特定意义下的理解，提高代数思想的认识。再看教材编排，七年级的方程教学包含了一元一次方程、二元一次方程（组）、三元一次方程组（选学）以及分式方程四类，它们都是以一元一次方程为母版，让学生在学习过程中，感知二元一次方程组、三元一次方程组、分式方程的学习是通过一系列方法转化为一元一次方程求解这一数学思想、技能，对培养学生今后学习数学的能力有着举足轻重的

地位。

【评析】从本案例可以看出该教师对中小学教材十分熟悉，因此他了解学生的认知发展，他在分析、研读教材的时候，注重学生的发展。学生作为课堂教学主体，对确定教材的地位与作用有很大的影响，再加上七年级是衔接小学与初中的关键期，把握好学生的认知，对确定教材的地位与作用起着至关重要的作用。《义务教育数学课程标准（2011 年版）》在基本理念中提到“课程内容要反映社会的需要、数学的特点，要符合学生的认知规律；内容的选择要贴近学生的实际，有利于学生体验与理解、思考与探索；要重视直接经验，要处理好直接经验与间接经验的关系”，从学生角度去确定教材的地位与作用，有利于学生的发展。

确定教材的地位和作用，不能仅仅局限于某一节或某一课时的内容，先对教材的整体结构和知识体系进行梳理分析，把握整章内容在整个教材体系中所处的位置，分析章内节与节之间以及前后章节的联系，在定位教材地位与作用时，才能重点突出，精准透彻。此外，教师要避免仅仅关注某学段的教材，例如初中教师仅仅关注初中教材体系，这样会限制教师的视野，应了解小学和高中的教材体系，有助于了解学生已有的认知水平，贴近学生，准确把握教材体系的思想本质，为学生进一步的发展树立更为长远的眼光。

在了解本节在单元和整套教材中所处的位置和作用后，要精读本节、本课时，解读其内容，弄清教材编排意图。

一方面，课程标准是教材编写的依据，所以分析教材需与课程标准紧密结合，在领会课程标准理念与要求的基础之上研读教材。另一方面，教材是对课程标准的一次再创造、再组织，每个版本教材都具有独特的切入视角、呈现选择等，为了读懂教材所涉及的相关知识与教学要求，需在熟悉整个教材体系的基础上，钻研本节内相关知识的结构与联系，关注知识的同时关注知识背后隐藏的思想方法。

案例 4 “绝对值”概念教学中的教学要求把握

“绝对值”是义务教育教科书（浙教版）数学七年级上册（以下简称浙教版教材七上）第一章“有理数”第三节的内容。学生在小学学习过距离和两个数之间的比较，到了七年级，在学习“绝对值”之前，学生已经学习了有理数、数轴和相反数，即此时学生已经具备了学习绝对值的基础。另外，绝对值也是学习有理数的大小比较和有理数的混合运算的铺垫性知识。本节通过节前图和节前语与合作学习引出绝对值的概念。

本书的节前图和节前语，说明人们在生活和生产实际中有一些场合是不需要考虑量的方向的。再通过合作学习巩固将一对相反数表示在数轴上时，它们到原点的距离相等的认识。进而概括一个数绝对值的概念、记号和表示法。教材利用例 1（求下列各数的绝对值）及时巩固绝对值的概念，并归纳出求绝对值的法则。

绝对值的概念是本节的重点，绝对值的实际意义，为什么它是正数或零？这些需要借助数轴进行理解，故对绝对值的概念及其几何意义的教学要求应达到“理解”。只有达到了“理解”的水平，借助数轴数形结合，学生才能更直观清晰地理解绝对值的法则。

【评析】本案例在分析“绝对值”这一节在教材中的地位与作用后，通过分析本节内教材所涉及的相关知识之间环环相扣的联系来确定绝对值概念的教学要求。课程标准中关于绝对值的要求为：借助数轴理解绝对值的意义，掌握求有理数绝对值的方法。这与案例中分析得出的理解绝对值的概念及其几何意义一致。分析教材所涉及的相关知识与教学要求，需结合课程标准，在充分理解课程理念和教材编写意图的基础上，明晰教材相关知识达到相应教学要求的理由。

案例 5　“代数式的值”教学要求把握

“代数式的值”是浙教版教材第四章“代数式”第三节的内容。求代数式的值是学生会列代数式后，经历给定一个数求代数式的值的过程，它是后续学习方程和函数的重要基础。

本节以 2001 年申奥成功时莫斯科和北京的时间作为问题背景，引出代数式的值的概念。紧接着，用“做一做”这个栏目给出了与节前类似的问题，伦敦和北京的时间差问题，巩固了代数式的值的概念，三个小问题也体现了从特殊到一般再到特殊的过程。然后给出了例 1 和例 2 如下：

例 1　当 n 分别取下列值时，求代数式 $\frac{n(n-1)}{2}$ 的值。

（1）$n=-1$，　　（2）$n=4$，　　（3）$n=0.6$。

解　（1）当 $n=-1$ 时，$\frac{n(n-1)}{2}=\frac{(-1)\times(-1-1)}{2}=1$。

（2）当 $n=4$ 时，$\frac{n(n-1)}{2}=\frac{4\times(4-1)}{2}=6$。

（3）当 $n=0.6$ 时，$\frac{n(n-1)}{2}=\frac{0.6\times(0.6-1)}{2}=-0.12$。

例 2　圆柱的体积等于底面积乘高。若用 h 表示圆柱的高，r 表示地面半径（如图 4-3），V 表示圆柱的体积。

（1）请用字母 h，r，V 写出圆柱的体积公式。

（2）求地面半径为 50 cm，高为 20 cm 的圆柱的体积。

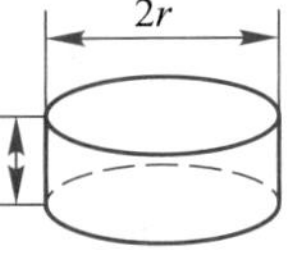

图 4-3

解　（1）$V=\pi r^2 h$。

（2）因为 $r=50$，$h=20$，所以

$$V=\pi\times 50^2\times 20=50000\pi(\mathrm{cm}^3)$$

答：所求圆柱的体积为 $50000\pi\ \text{cm}^3$。

课程标准关于代数式的值的要求为：会求代数式的值；能根据特定的问题查阅资料，找到所需要的公式，并会带入具体值进行计算。例 1 和例 2 分别对应了课程标准中的两个要求的内容。

【评析】 案例梳理了本节的内容，将其连贯为一条线，结合课程标准分析例 1 和例 2 在教材中的作用与教学要求。例 1 反映了代数式的普遍意义，即对于同一个代数式，当字母取不同的数值时会得到相应的值。例 2 的设计正好对应了课程标准中的第 2 个要求。例 2 是对例 1 的进一步深化，用代数式解决简单实际问题，公式是用等号连接两个代数式而成的等式，例 2 中第 2 问就是求公式中右边的代数式的值的过程。

案例 6 “用尝试、检验的方法解一元一次方程”的教学要求把握

“一元一次方程”是浙教版教材七上第五章第一节的内容。本节通过合作学习列出方程的三个问题，引导学生进一步认识方程。再通过启发学生思考这三个方程有哪些共同的特点，引出一元一次方程及其解得概念。最后展示用尝试检验法解一元二次方程，教材这部分内容如下：

使一元一次方程左右两边的值相等的未知数的值称为一元一次方程的解，也称方程的根。对于上面“合作学习”第（3）题所列的方程 $\frac{2x+12}{3}=14$，不妨依次取 x 的值为 11，12，13，14，15，16，17，代入方程左边的代数式 $\frac{2x+12}{3}$，求出代数式的值，如下表：

x	11	12	13	14	15	16	17
$\frac{2x+12}{3}$	$\frac{34}{3}$	12	$\frac{38}{3}$	$\frac{40}{3}$	14	$\frac{44}{3}$	$\frac{46}{3}$

由上表知，当 $x=15$ 时，$\frac{2x+12}{3}=14$，所以 $x=15$ 就是一元一次方程 $\frac{2x+12}{3}=14$ 的解。

以上过程让学生经历尝试、检验的过程，体验尝试检验作为问题解决的策略重要性。针对这部分内容，课本作业题 A 组第 4 题，问题如下：

请填写下表，然后说出方程 $4x-5=x$ 的解。

x	-1	0	1	$\frac{4}{3}$	$\frac{5}{3}$	2	$\frac{7}{3}$	…
$4x-5$	-9							

课程标准中关于这部分内容的要求为：经历估计方程解的过程。估计方程的解，不仅仅在于求解，也有利于学生直观地探究方程的性质，初步感悟通过代入数值进行计算也是求方程解的有效途径。教材设置这部分内容，更多的是让学生尝试这种解决问题的方法策略，课后作业题第 4 题直接给出了一些猜想的 x 的值，降低了题目的难度，这也从侧面反映了教材的设置意图。教师在处理这部分内容时，不必设置太高的难度，重点让学生体验这个过程，获得感悟。

【评析】本案例结合课程标准、教材内容和课后习题来分析“一元一次方程”这节中用尝试检验法解一元一次方程的内容的编排意图和重心，透过知识，看到尝试检验这种解决问题的重要策略。此外，教材中，课内练习和作业题的设置，一定程度上也反映了编者的意图，好好研读这些题目，有助于读懂教材所涉及的相关知识与教学要求。

总之，为了更好地确定教材的地位和作用，教师应精读教材中每一节、每一课时、每一部分的内容，并非孤立地研究它，需要结合课程标准和教材了解其在整章、整个教材体系中地位与作用的基础上，仔细分析梳理本节设置的每部分之间的联系，除了分析知识内容这条明线之外，还要关注数学思想方法这条暗线。

第三节　怎样挖掘例题的教育价值

例题是教材的重要组成部分，是把知识、技能、思想和方法联系起来的一条纽带。例题教学则是学生获得数学知识，掌握解题的技能技巧，理解所涉及的数学思想方法的主要渠道。挖掘例题的教育价值则是提高例题教学有效性的重要手段，因此，如何充分挖掘教材中例题的教学价值是中学数学教学的一个重要的课题。课程标准强调，学生是数学学习的主人，教师要鼓励学生质疑问题、探究思考，要让学生感受和体验学生知识产生、发展和应用过程，启发学生发现问题和提出问题，善于独立思考，使数学学习成为再发现、再创造的过程，因此，教师在教学中可以从以下几方面挖掘教材例题价值：深入研究例题的解法，合理利用例题的背景内容，明确教材例题设置的目的，剖析例题的示范性，延伸拓展例题的知识和思维方法，挖掘例题的教育性等。

一、深入研究例题的解题方法

案例 1

甲、乙两人从 A、B 两地同时出发，甲骑自行车，乙骑摩托车，沿同一条路线相向匀速行驶。两人出发后经 3 时相遇，已知在相遇时乙比甲多行了 90 千米，相遇后再经 1 时乙到达 A 地，问甲、乙行驶的速度分别是多少？

分析 这是浙教版七年级上册 5.3.1“一元一次方程的应用”的一个例题，该例题是这节课的难点，也是对“列方程解决实际问题的一般过程”的应用。教师可以引导学生审题并划出关键词，借助“线段图”，帮助分析有关于路程问题的应用题，找出等量关系：

（1）根据路程可以找出如下等量关系：

① 相遇时甲路程＝相遇后乙的路程；

② 相遇时甲路程＋相遇时乙路程＝相遇后乙路程＋相遇时乙路程＝乙总路程（总路程）；

③ 相遇时乙的路程－相遇时甲的路程＝90（相遇时乙的路程－相遇后乙的路程）。

（2）根据速度可以找出如下等量关系：

① 根据“经 3 小时相遇时，乙比甲多行 90 千米”可得“每 1 小时，乙比甲多行 30 千米”，即 $v_{甲}=v_{乙}+30$；

② 根据“相遇时甲路程＝相遇后乙的路程”可得，$s_{甲}=s_{乙}$ 时，$t_{甲}=3t_{乙}$，即 $v_{乙}=3v_{甲}$。

学生根据这些等量关系分析并设元，列出方程。教师鼓励学生大胆陈述自己的见解，在不断交流与讨论中得出解决本题的多种方法。

【评析】一般来说，教材上的例题往往只给出一种解法，而实际上，许多例题经过认真分析和挖掘，可以有多种解法。如果教师能对教材中的例题解法进行有效分析，探索一题多解，不仅可以强化所学知识，还可以培养学生的数学思维。

本案例是学生熟悉的行程问题，但情境较复杂，教师需要引导学生划出关键词，借助线段图分析题意，并找出已知量、未知量之间的等量关系，再通过“审设列解检答”的过程来解题。本案例通过一题多解，使学生可以不断思索、启发、发表见解，从而不断拓展思维。

二、合理利用例题的背景内容

案例 2

八年级上册 2.1“图形的轴对称”中的例 2：如图 4－4，直线 l 表示草原上的一条河流。一骑马少年从 A 地出发，去河边让马饮水，然后返回位于 B 地的家中。他沿怎样的路线行走，能使路程最短？作出这条最短路线。

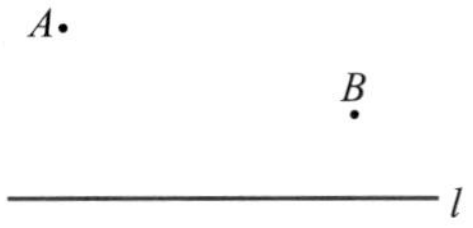

图 4－4

分析　本案例是学生日常生活接触的问题，如果将这个问题作为“轴对称与轴对称图形”的引言，可以激发学生的学习兴趣，从而提高课堂教学效率。

【评析】毋庸置疑，例题具有很好的示范作用，但在例题教学中，如果单纯地将例题作为一个示范作用，则不能真正完全挖掘例题的所有价值。我们认为，教材的许多例题还有更深层的教育功能，例如教材的讲解并不一定必须按照教材顺序，有的可以将其提前作为本节的导入情境。

在教学中，如果能注意教材前后的联系，合理整合利用教材中的例题创设新课的情境，会起到更好的作用。此外，教材中例题的材料背景也是一种教育资源，教师可以经常补充一些与例题情境相关的知识，让学生通过自我学习，充实例题的文化背景、人文背景、生活背景等，实现教育与教学的双重效果。

三、明确教材例题设置的目的

案例 3

七年级下册 5.5“分式方程”中有如下两个例题：

例 1　解分式方程：$\dfrac{x+3}{2x-3}=\dfrac{2}{7}$。

例 2　解方程：$\dfrac{2-x}{x-3}=\dfrac{1}{3-x}-2$。

分析　在分式方程教学中，主要目的是通过将分式方程化归为整式方程解决，例如，例 1 方程两边同时乘 $7(2x-3)$，例 2 方程两边同乘以 $(x-3)$，就可以把分式方程转化为一元一次方程来解。但在教学中要突出两例题的不同目的：通过例 1 让学生体会到通过去分母把分式方程化归为整式方程，是解分式方程的主要思想方法；而例 2 的目的在于让学生注意到解分式方程一定要验根，理解增根的意义。

【评析】一般说来，教材中每一道例题都比较具体地反映了数学的有关内容及学生应掌握的程度，但是各个例题的目的和作用都不一样：有的是用来阐述某一概念，有的用来解释某一法则、性质的运用，有的是用来突出解题的某种思维方法，有的则用来强调书写规范和解题格式。即使有的例题兼备多方面的功能，也由于被安排在不同的特殊教学环节上，其安排意图和目的也有所侧重，因此，就要求教师备课时必须根据不同的教学实际和需要深入钻研例题，既不能机械地偏重例题目的要求的某一方面，也不可盲目地对各项要求“眉毛胡子一把抓”，而应切实针对教学不同环节的不同要求正确明确例题的目的和要求。

优化数学教学课堂，要抓住例题教学这一关键步骤，因此在教学中，首先就要明确例题设置的目的。案例中，例 1 旨在让学生明确解分式方程的主要思想，例 2 旨在让学生意识到增根的存在。因此，教师在教学实践中，要积极引导学生对例题多角度、多方位的剖析，挖掘出附着在例题中的重要思想方法，并及时结合实例阐述其作用，引起学生的重视。

四、剖析例题的示范性

案例 4

浙教版八年级下册 2.3“一元二次方程的应用”中的例 1：如图 4－5 (a)，有一张长 40 厘米，宽 25 厘米的长方形硬纸板，裁去角上四小正方形后，折成如图 4－5（b）那样的无盖纸盒，若纸盒的底面积是 450 平方厘米，那么纸盒的高是多少？

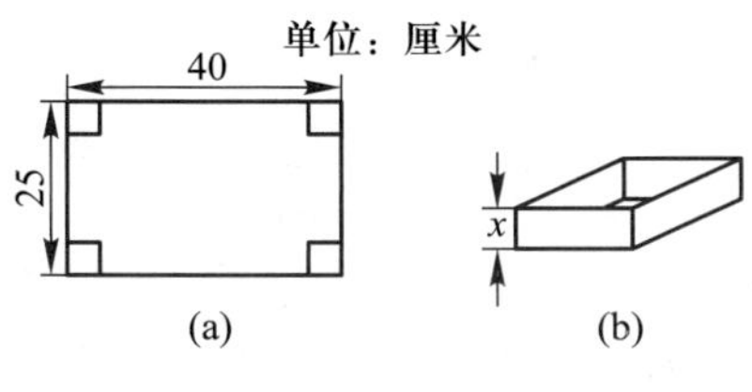

图 4－5

在本例中，要先列出一个一元二次方程才能求出相关的数据。但是本题中要列出方程需要知道：裁去的正方形和折出来的长方体的高是什么样的关系？长方体的高和它的长、宽之间又具有怎样的关系？所以在讲这个例题之前，可以先让学生拿出一块长方形纸板，然后提问：若想折出一个无盖的长方体纸板应该怎么办？裁去的正方形的边长与长方体的高，学生通过直观模型就能发现两者是相等关系，这样长方体长、宽、高之间的关系就清晰了，学生就能顺利地列出这个一元二次方程。

【评析】问题是数学的心脏，学数学离不开解题。解题其本质就是模仿加实践。波利亚曾经说过，解题应努力做到“铸题成模，以模解题”。因此，在例题教学中，教师要努力挖掘例题的示范作用。让学生通过例题的教学能够遵循或模仿基本的分析方法和解题技能，以及必需的解题格式。教材中的例题，有些是基础题，有些是有一定难度的。我们认为，例题教学不能照本宣科，应尽可能地用好例题的示范功能，这需要教师引导学生多角度地思考，学会问题解决方法，不断揭示、认识问题的本质。只有这样，才能起到举一反三的作用。

在教学中引导学生对于问题进行适当的分析，使学生了解正确解决问题的思路、分析问题的方法，让学生在教师的示范作用下，潜移默化的学会数学思维，掌握问题解决的技巧，弄清新旧知识之间的区别与联系，实现从感性到理性的飞跃。

五、延伸拓展例题的知识和思维方法

案例 5

浙教版七年级下册 1.3“平行线的判定（1）”中例 1：如图 4-6 所示，已知直线 l'、l'' 被 l 所截，$\angle 1=45°$，$\angle 2=135°$，判断直线 l' 与 l'' 是否平行，并说明理由。

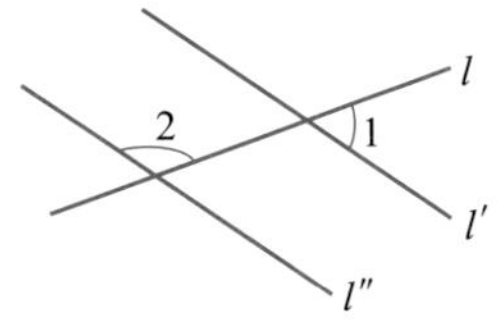

图 4-6

题中设置了如下问题：

(1) 猜想 l' 与 l'' 平行吗？

(2) 要说明 l' 与 l'' 平行的关键是什么？能找到相等的同位角吗？

通过上述问题启发学生把例题的条件作适当的转化，从而符合平行线的判定方法的题设条件，始终让学生参与整个问题的解决过程，培养学生探究问题的能力，在潜移默化中使学生会学会用。接下去马上安排几个变式练习，对此例题进行一题多变。

变式 1　已知直线 l'、l'' 被 l 所截，$\angle 1+\angle 2=180°$，判断 l' 与 l'' 是否平行，并说明理由。（这是考查转化思想，如何将已有的条件转化成我们需要的条件。）

变式 2　已知直线 l'、l'' 被 l 所截，$\angle 1=\angle 2$，判断 l' 与 l'' 是否平行，并说明理由。

拓展 1　如图 4-7 所示，直线 EF 过点 A，D 是 BA 延长线上的点，问哪些角与 $\angle B$ 相等时，可以判定 $EF \parallel BC$，并说明理由。

拓展 2　如图 4－8 所示，判断在同一平面内，垂直与同一直线的两条直线是否互相平行？

拓展 3　如图 4－9 所示，分别作∠1、∠2 的角平分线，判断这两条角平分线是否平行，并说明理由。

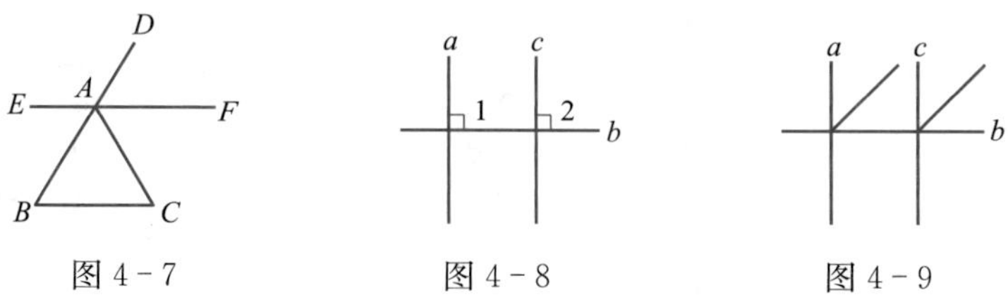

图 4－7　　图 4－8　　图 4－9

【评析】 思维的灵活性的本质在于思维的变通性，在于是否善于运用变化、发展的观点思考问题、解决问题。数学问题浩如烟海，但是万变不离其宗。因此，在数学教学中，要善于从例题的角度出发，抓住题目的根源和本质，通过改变题目的表述方式、变已知为未知等方式，将例题拓展延伸，使例题与教材例题以外的题目建立联系。

本案例中，该例题在变式、拓展过程中不断暴露出问题的本质，揭示出知识的内在联系，同时也为后续学习平行线的判定 2 及平行线的性质奠定了基础，让学生经历知识的发生、发展、形成的过程，更深入地理解知识。对例题的层层变式，不仅可以开阔学生的视野，提高学生的问题解决能力，加深学生对知识的理解，也有利于培养学生从特殊到一般、从具体到抽象地分析问题、解决问题的能力。一题多解、变式训练打破学生的思维定势，有利于培养学生思维的变通性和灵活性，从而提高学生的思维品质。

例题教学是整个初中数学教学中的重要环节，例题教学的成败直接影响学生对知识的掌握和能力的提高，直接影响教学质量的高低。因此，教师在教学时都要立足于教材例题，紧扣教材例题，探讨一题多解、一题多变、多题同归等，在课堂中，要结合学生的解题进一步思考，深入挖掘例题的潜在教育价值，达到最佳的教学效果。

六、挖掘例题的教育性

▶ 案例 6

浙教版八年级下册 5.3“一次函数”中的例 4：从 1995 年底开始，某地区的沙漠面积几乎每年以相同的速度增长。据有关报道，到 2001 年底，该地区的沙漠面积已从 1998 年底的 100.6 万公顷扩展到 101.2 万公顷。

（1）可选用什么数学方法来描述该地区的沙漠面积的变化？

（2）如果该地区的沙漠化得不到治理，按相同的增长速度，那么到 2020 年底，该地区的沙漠面积将增加到多少万公顷？

分析 由于沙漠化面积每年几乎以相同的速度增长，设1995年底该地区沙漠的面积为 b 公顷，每经过一年，沙漠面积增加 k 万公顷，经过 x 年，该地区的沙漠面积增加到 y 万公顷，则 $y=kx+b$。也就是说，可选用一次函数来描述该地区沙漠面积的变化。

只要求出系数 k 和 b，就求出了这个一次函数。

讲解此问题时，并不一定直接引导学生解决问题，可以用当前社会比较关注的雾霾、沙尘暴等环境问题，激发学生解决问题的兴趣，了解环境保护知识。

【评析】 教育的本质就是育人，教学具有教育性，数学教育也不例外，数学教材作为数学教育的载体，例题是其重要组成部分当然也不例外。在数学例题教学中，教师要深入挖掘隐含在其中的数学文化元素，再利用数学教育的手段与方法，使学生体会数学文化，体察数学文化和社会文化之间的互动，提高数学文化素养，从而达到以数学育人，促进学生发展的目的。

教材中环境保护的问题都是隐性的，需要教师深入挖掘，将教材中环境保护资源与数学学习有机结合起来，本例题的主要目的在于体会已知一次函数的值求相应自变量的值，并解决一些简单的实际问题的方法，但是本题以目前社会比较关注的环境问题为背景，则可通过雾霾、沙尘暴等环境问题激发学生兴趣及解决问题的欲望，通过计算，学生可以知道如果不对环境进行治理，那么土地沙漠化面积会逐渐扩大，激发学生树立环境保护意识。事实上，任何例题的解决都蕴含一定的数学思想和数学方法，本例题的设置，不仅解决了数学问题，还进行了思想教育，一举两得。

总之，教材是教学之本，深挖教材的潜力，充分发挥教材的自身作用，处理好教材例题的教学十分重要。立足教材，对教材中的典型例题进行探究、引申、拓广、应用，由点到面，由题及类，解剖一例带活一串，注意数学思想方法的渗透，做到在教学过程中环环相扣、循序渐进、相辅相成。这样的教学，既深化了基础知识，又培养了学生的思维品质，发展了思维能力，这才是我们所要追求的目标。与此同时，教师要在充分尊重教材例题的情况下对例题进行有依据的评价，在此基础上才能进行合理替换例题，以避免随意替换例题，削弱例题的价值。

理解·反思·探究

1. 数学教材的内涵是什么？教材在数学教学中有什么作用？
2. 教师怎样研读教材？
3. 分析数学教材有哪些主要的方法？
4. 分析数学教材要遵循哪些原则？

5. 如何运用分析和处理教材的方法具体分析数学教材的重点和难点以及关键点?

6. 结合某一具体教材内容，分析和处理教材，指出教材编写的意图以及该内容的地位和作用。

7. 结合某一具体教材内容，谈谈如何挖掘教材例题的教育功能。

拓展阅读导航

[1] 章建跃. 中学数学课程论[M]. 北京：北京师范大学出版社，2011.

[2] 张永春. 数学课程论[M]. 南宁： 广西教育出版社，1996.

第五章 怎样选择教学方法

要点提示

本章从教学模式、数学教学模式概念出发，介绍国内外主要的数学教学模式以及常用的教学方法，并结合实例介绍如何选择适合的教学方法。

学习目标

- □ 了解国内外主要的教学模式，掌握典型的数学教学模式,并能在教学设计过程中选择合适的教学模式。
- □ 了解国内外主要的教学方法，掌握主要的数学教学方法应用条件。
- □ 掌握选择数学教学方法的依据，在教学设计中能选择合适的数学教学方法。

导入

好的方法将为人们展开更广阔的图景，使人们认识更深层的规律，从而更有效地改造世界。

——巴甫洛夫

最有价值的知识是方法的知识。

——笛卡儿

数学被认为是一门高抽象和具有严密逻辑体系的学科，作为数学教师和数学教育工作者，肩负着帮助学生掌握数学知识、技能的重任。教师除了自身要具有扎实的数学功底外，还要灵活运用合适的教学方法，对于学生学好数学有重大的作用。

“教学有法，但无定法，贵在得法”，教学方法多种多样，教师需要考虑学生的个性和他们不同的需要、教学内容和教材的要求以及教师自身的素养来选择合适的教学方法。

第一节　国内外主要的数学教学模式

教学模式问题是现代教学论中一个重要的研究领域，它产生于教学活动之中，又应用于教学活动。作为一名数学教师了解国内外主要的教学模式，可以更好地组织教学，提高教学质量。为此，本节将详细介绍国内外的几种数学教学模式。

视频 5.1.1
怎样选择适合的教学方法

教学模式的概念最早见于美国学者乔以斯和韦尔 1972 年编著的《教学模式》一书，该书把教学模式的概念界定为：用于设计面对面的课堂教学情景或辅导情景，确定包括书籍、电影、磁带、计算机程序及课程在内的教学材料的计划和范型，并总结归纳了 22 种教学模式。

我国教育界对教学模式的界定众说纷纭，观点各不相同。许多研究人员提出，教学模式是一种既包含一定教育思想又能便于实施于具体教学之中，结构和程序相对稳定的教学方式，如把从众多教学方法中抽象出的带有普遍意义的，能用于多种学科、不同课题的教学策略称为教学模式。也有学者把一些基本教学方法的某种教学组合称为教学模式。比如，有人指出："在长期的教学实践过程中，由于受不同理论和经验的影响，还形成了一些具有不同特点的教学方法组合（或称教学模式）。"还有一些学者认为："教学模式是根据一定的教学目标，在一定教学理论的指导下所设计的教学过程的结构及其相应的教学策略、教学方式。它既是教学基础理论的具体化，也是教学具体经验的概括化，是教学基础理论与教学实践的中介。"

数学教学模式是在一定的教学思想、教学理论、学习理论的指导下，在教学活动过程中，形成的一种为完成特定教学目标和内容的相对稳定的教学格局和框架，它是联结教学理论和教学实践的桥梁。数学教学模式是教学过程的模式，不是教学过程，也不是教学方法，只是与一定的教学方法的策略体系相关。教学模式定有相应的教学过程，但是一个教学过程可以有多种教学模式。在一个教学模式中，各阶段要采用不同的教学方法，将各阶段的教学方法有机地衔接起来，便构成一个稳固的、能解决一种教学课题的教学方法策略系统。

一、数学教学模式发展过程

从教学模式形态的历史发展来看，教学模式也是逐步向以多样性、稳定性（指结构相对稳定的特点）以及实用性等为特征的方向发展变化的。如早期的教学模式是以 18 世纪德国教育家赫尔巴特为代表的教师传授、学生系统接受式的教学模式。这一教学模式强调教学的高度计划性、系统性和目的性，突出教师的主导作用和教材的中心作用。而后在 20 世纪初以美国教育家杜威为代表的实用主义主张的学生活动教学模式，产生了广泛的影响，主张废除班级授课制，打破学科界限，摒弃教科书，由学生根据兴趣和需要决定学习目的和内容，在活动中获取知识和提高解决问题的能力。在第二次世界大战结束以后，教学模式的发展呈现出一种多样化的特点，其中较为典型的教学模式有以布鲁纳为代表的发现学习的教学模式；以德国教育家根舍因为代表的范例方式的教学模式，即范例教学模式；以美国心理学家布卢姆为代表的“指导—回授”式教学模式。

二、数学教学模式的要素

数学教学模式具有一个相对稳定的结构，是由多种不同要素构成的，这些要素相互制约，不可或缺。一般一个完整的教学模式主要是由以下五个要素构成的：

（1）指导思想。指导思想是构成数学教学模式的基石，不同的教学模式是依据不同的思想形成的。

（2）教学目标。教学目标是教学模式的核心因素，对其他因素有着制约的作用。每一种教学模式都是以实现教学目标为出发点和归宿。

（3）操作程序。操作程序也就是为实现教学目标而采取的相关步骤和过程。每一种教学模式都要有一定的可操作的教学活动步骤。

（4）运用策略。运用策略是为使教学模式发挥效力而设计的要求体系，包括师生关系、教学内容、教学方法、教学手段等方面的配套要求。

（5）评价体系。评价体系即教学活动的评价标准和评价方法体系。评价目标决定了数学教学活动的有效特征和数学教学模式的合理性。

三、传统教学模式简介

教学模式产生于教学活动过程中，又应用于教学活动，每一位教师都在无形之中时刻受到一定教学理论的支配，实践着自己的教学模式。

对于教学模式，我们应该持发展变化和运用实效这个基本观点，使我们的教学活动符合社会发展的实际情况、教学实践的实际要求以及学生的实际特点。国内采用的教学模式有多种，从不同的侧重点出发，对它们的分类也不相同，这里不一一介绍，只简单介绍几类主要教学模式。

（一）讲解—传授模式

这是目前我国中学教学中仍然普遍采用的教学模式，是在传统课堂教学模式的基础上演变而来的，它的操作程序如下：

诱导学习动机→领会新教材（感知理解）→巩固知识→应用知识→检查反馈。

（1）诱导学习动机的方法很多，可以通过明确学习目的和意义，创设问题情境，增强教学内容的吸引力，采用新颖生动的教学方法等来实现。

（2）领会新教材是指教师首先通过实际问题情景、直观教具演示、实验以及生动的语言描述等形式，使学生对学习内容形成鲜明的表象，然后在感知的基础上通过抽象思维活动形成科学的概念和规律性的认识，并发展学生的思维。这个环节的核心是对新知识的感知和理解。

（3）巩固知识是指教师及时组织并引导学生进行练习和复习，以巩固知识并发展记忆力。

（4）应用知识是指教师通过包括实践形式在内的各种练习和实际活动，让学生在运用知识的过程中形成技能与技巧，培养分析、解决实际问题的能力。

（5）检查反馈是指及时检查学习效果，分析评价学习的质量。通过检查不仅可以使师生双方进行反馈，而且有利于及时调节教学活动。

这一模式的理论依据是凯洛夫教学思想和奥苏贝尔的“有意义学习”理论，凯洛夫教学思想强调以教师系统讲解知识的课堂教学为中心，重视基础知识、基本技能的教学；奥苏贝尔则认为，学校的主要任务是向学生传授学科中明确、稳定而有系统的知识，学生的主要任务是以有意义接受学习方式获得人类社会积累的丰富知识，形成良好的认知结构。

这种模式的优点是有利于发挥教师的主导作用，强化教学的科学性、直观性和系统性，能使学生在较短的时间内掌握大量的科学文化知识与技能，从而有利于系统文化科学知识的传递和学习，它的缺点是学生处于被动接受地位，不利于学习积极性和主动性的发挥，也不利于创新意识、探索能力的培养。

（二）自学—辅导模式

自学—辅导模式简称学导式模式，是学生在教师的指导和辅导下进行自学、自练和自改作业，获得书本知识、发展能力的一种教学模式，中国科学院心理研究所卢仲衡的中学数学自学辅导实验研究、湖北大学黎世法的六课型单元教学法、辽宁魏书生的六步教学法以及上海育才中学段力佩等总结出的八字教学法等，都属于这一教学模式。

自学—辅导模式把学生的自学作为教学的主要环节，把培养学生的自学能力和发展学生的智能作为主要的教学目标。该模式依据“学生的自我意识和主观能动性具有对客观事物进行能动反应的功能”，以及“事物发展的根据在于事物自身的内因”的理论，从教为主导、学为主体的现代教学思想出发，强调把教学活动的主线由知识传授转向开发智能，其操作程序如下：

教师提出自学任务和要求→学生自学→教师精讲→学生演练→归纳总结。

教师提出自学任务和要求是指教师根据教学内容和学生的基础水平，提出自学的任务和要求，并指出重点阅读内容或出示阅读提纲和思考要点。

学生自学是指学生在教师的启发下阅读教材及有关资料，独立思考并撰写笔记，学生之间可以讨论研究，教师在巡回指导中发现疑点、难点和存在的带有共性的问题，这一环节主要培养学生的阅读能力、自学能力、观察能力和思维能力。

教师精讲是指教师围绕学生在自学中无力弄清的主要问题以及教学的重点、疑点、难点进行精讲和点拨，这一环节是教师发挥主导作用的关键。

学生演练即练习、实践或操作，使学生加深对知识的理解并形成技能技巧。归纳总结是指学生通过小结把当堂所学知识系统化，教师则通过小结检查和归纳教学情况。

自学—辅导模式的优点在于可以充分体现学生学习的主体地位，有利于培养学生的自学能力。卢仲衡教授指出："自学能力是各种能力中最具主动性和独立性的部分，它不是一种单一能力，而是多层次的综合能力，是以独立性为核心的多种优化的心理机能参与的主动获取知识的能力。"自学—辅导模式在培养学生的自学能力方面具有独到的作用。同时，这种模式在根据学生的差异因材施教方面也有着良好的效果。不过，这一模式对教师本身素质的要求较高，教师不仅要具备扎实的业务功底和娴熟的教学技巧，而且要有敏锐的观察能力、敏捷的思维能力和驾驭课堂的能力，否则自学环节很容易变成自流，也就难以保证教学质量。

（三）引导—发现模式

引导—发现模式也称探究—研讨式，在我国中学教学中应用比较广泛，这种模式在教学活动中，教师不是将现成的知识灌输给学生，而是通过精心设置的一个个问题链，激发学生的求知欲，使学生在教师的指导下发现问题、解决问题。它的一般操作程序是：

问题→假设→推理→验证→总结。

"问题"就是由教师提出要解决的问题；"假设"就是在对问题进行分析的基础上提出假设；"推理"就是在教师的引导下，学生运用已有的知识从各个不同的角度对问题进行论证，从中发现必然的联系，形成确切的概念；"验证"就是让学生通过实例来证明或辨认所获得的概念；"总结"就是引导学生分析思维过程，形成新的认知结构。

这一模式的主要理论依据是布鲁纳的"发现学习"理论。布鲁纳认为，发现并不限于那种寻求人类尚未知晓的事物的行为，正确地说，发现包括用自己的头脑亲自获得知识的一切形式；学生在学习过程中必须通过自身的体验，才能掌握发现问题的方法。

采用这一模式可以最大限度地发挥学生的主动性和创造性，有效地激发学生的学习兴趣，产生自行学习的内在动机，增强克服困难的信心。学生可以从发现的试探中学到科学的认识方法，并从已有经验出发提出各种可能的假设，这就有效地促使学生运用迁移规律去获取知识，学会发现的探究方法，而且从发现中获得的知识易于记忆。

这一模式对教师、学生、教材的要求都比较高，教师和学生是一种协作关系，要容许学生有不同的意见，并鼓励学生提出不同的想法，然后由学生自己去评判。教师要熟悉学生形成概念掌握规则的思维过程和学生的能力水平，学生则必须具备良好的认知结构，而教材必须是结构性的、发现式的，符合探究、发现等高级思维活动方式。

（四）活动—参与模式

这一模式通过教师的引导，学生自主参与学科的实践活动，密切学科知识与生活实际的联系，掌握知识的发生、形成过程，形成用知识的意识。

活动—参与模式的理论依据是皮亚杰的“发生认知论”。皮亚杰关于儿童认识发展的研究证明了反身抽象是获得数学概念的主要方式，逻辑数学结构不是由客体的物理结构或因果结构派生出来的，而是“一系列不断的反身抽象和一系列连续的自我调节的建构”。在学生能够富有意义地理解概念和原理的抽象形式之前，需要对这些数学对象的具体表现形式的学习，这是数学学习的一个重要环节。另外，生理心理学的研究将人的疲劳分为生理疲劳和心理疲劳，心理疲劳是由长时间集中重复单调工作引起的。安排多样化的教学活动，有助于改变学生重复听课，做题单调的学习方式，消除心理疲劳，提高学习效率。数学教育家弗赖登塔尔提出，与其说让学生学习数学不如说让学生学习“数学化”，学习数学不能仅记住结论，而要注重数学知识的发生过程。以上教学思想，也为这一教学模式提供了理论依据。

活动—参与模式中，教师让学生通过自己的实践学习数学，尽可能让学生在阅读、讨论、作图、制作模型，甚至实验、调查等实践活动中学习数学，让学生主动参与、积极活动是这一教学模式的显著特点。

活动—参与模式主要有以下几种形式：数学调查，数学实验，测量活动，模型制作，数学游戏，问题解决。

这一模式遵循由实践到理论再到实践的基本原则。它的目标是积极培养学生的主动参与意识，增进师生、同伴之间的情感交流，提高实际操作能力，形成用数学的意识。

四、我国新教学模式简介

视频 5.1.2 国内外新的教学模式

在教改实验过程中，国内涌现出一些比较有影响的教学模式。

（一）“诱导—尝试—归纳—回授—调节”教学模式

“诱导—尝试—归纳—回授—调节”教学模式，是顾泠沅先生在 20 世纪 80 年代初在上海青浦县所进行的数学教学改革的实践成果。其名称中的十个字大致概括了这一教学模式的基本结构。这一教学模式曾对我国数学教育改革的尝试带来广泛的影响，得到数学教育界的普遍关注并在数学教学中被大面积地推广。

该数学教学模式一般是由教师将教材组织成一定的尝试层次，学生在教师的指导下，通过尝试来进行学习，同时，教师十分注意回授的学习效果，以强化所获得的知识和技能的教学策略。从而达到在传授基本知识和基本技能的同时，培养学生获得和运用知识的能力。它对如何大面积提高教学质量效果特别明显。

其基本结构一般由六个环节组成，具体如下：

（1）启发诱导，创设问题情境。以问题作为教学过程的出发点，引发认知冲突，激发学生的学习动机。

（2）探究知识的尝试。进入问题情境后，应充分发挥学生学习的主动性，组织学生阅读、实验、观察、讨论，引导学生试着找出解决问题的策略。

（3）归纳结论，纳入知识系统。探究尝试结束后，组织学生根据尝试所得，归纳出一般结论，然后通过必要的讲解，使之纳入教材的知识系统中去。

（4）变式训练的尝试。以培养学生灵活转换的方法、独立思考能力为目标，精心设计一组由简到繁、由易到难的变式练习题，好比搭台阶，一级一级地把学生的思维逐渐引向新的高度。

（5）回授尝试效果，组织质疑和讲解。随时收集与评定学生尝试学习的效果，调节教学的进度和方法。尽早批改作业，及时了解学生掌握知识技能的情况，尽快通过补授，帮助学生克服学习障碍，避免学生问题积累、拉开距离。

（6）单元教学结果的回授调节。在一个单元或一个章节教学结束后，则根据教学目标的分类细目，通过测试进行教学效果反馈，采取补授措施。

这一数学教学模式的运用需要注意：

（1）这一教学模式不太适合对拔尖生学习的指导。

（2）对于其中的六个步骤，应该有所侧重，不能把它作为课堂教学的固定程序。

（3）六步骤中，尝试学习是中心环节，它包括探究知识和变式练习两方面。

（4）重视课内课外教学相结合，课内“面向多数，兼顾两头”，课外开展适当活动，必要时进行个别辅导。

（二）“尝试法”教学模式

“尝试法”教学模式是邱学华先生经过20多年反复实践和研究、不断探索与升华而形成的一种在我国数学教学领域内影响很广的数学教学模式。这一教学模式的灵魂是“先试后导、先练后讲”，其中的“先试”就是“先让学生试一试”，这是尝试教学理论的基本精神。

其主要特点是让学生在尝试中学习，在尝试中成功。一般由教师提出问题，学生在旧知识的基础上，自学课本和互相讨论，依靠自己的努力，通过尝试练习去初步解决问题，然后教师根据学生尝试练习中的难点和教材的重点，有针对性地进行讲解。从而把教师的主导作用和学生的主体作用有机地结合起来，使学生的尝试活动取得成功。概括说来，就是“学生能尝试，尝试能成功，成功能创新”。

该教学模式的基本结构是：

（1）准备练习。这一步是学生尝试活动的准备阶段。对解决尝试问题所需的基础知识先进行准备练习，然后采用“以旧引新”的办法，从准备题过渡到尝试题，发挥旧知识的迁移作用，为学生解决尝试题铺路架桥。

（2）出示尝试题。这一步是提出问题，也就为学生尝试活动提出任务，让学生进入问题的情境之中。尝试题出示后，必须激发学生尝试的兴趣，激活学生的思维，“老师还没有教，谁会做这道题目?”“看谁能动脑筋，自己来解决这个问题。”先让学生思考一番，可以和同桌互相议论一下，如何解决尝试问题。

（3）自学课本。这一步是为学生尝试活动中自己解决问题提供信息。在教师出示尝试题后，学生产生了好奇心，同时产生解决问题的愿望。这时，引导学生自学课本就成为学生切身的需要。

自学课本前，教师有时可提一些思考问题作为引导。自学课本中，学生遇到困难可以提问，也可以与同桌互相商量。通过自学课本，大部分学生能解答尝试题，时机成熟就转入下一步。

（4）尝试练习。这一步是学生尝试活动的主体。尝试练习根据学科特点有多种形式。教师要巡视，以便及时掌握学生尝试练习的反馈信息，找准学生困难在哪里，这就为后面教师的讲解提供依据，以便对后进生进行个别辅导。学生尝试中遇到困难，可以继续阅读课本，也可互相帮助。尝试练习结束后，转入下一步。

（5）学生讨论。尝试练习中会出现不同答案，学生会产生疑问，这时引导学生讨论。谁做对了，谁做错了，不同看法也可以争论。其实，在对尝试题评议和讨论的过程中，学生已经在尝试讲道理了。学生互相讨论后，学生迫切需要知道自己尝试的结果是否正确，这时听教师讲解已成为他们的迫切需要。教师讲解火候已到，就转入下一步。

（6）教师讲解。这一步是确保学生系统掌握知识。有些学生会做尝试题，可能是模仿例题来做，并没有真正懂得道理。因此，在学生尝试练习以后，教师还要进行讲解。

教师讲解同过去的方法不同，不要什么都从头讲起。因为现在学生的起点不同，他们通过自学课本，亲自做了尝试题，对教学内容已经有了初步的认识。教师只要针对学生感到困难的地方、教材关键的地方重点进行讲解。

教师要讲到点子上，讲在学生还模糊的地方。讲解时要注意运用直观教学手段，如多媒体教学手段。

（7）第二次尝试练习。这一步是给学生“再射一箭”的机会。在第一次尝试练习中，有的学生可能会做错，有的学生虽然做对了但没有弄懂道理。经过学生讨论和教师讲解后，得到了反馈矫正，其中大部分人会有所领悟。为了再试探一下学生掌握新知识的情况，并把学生的认识水平再提高一步，应该进行第二次尝试练习，再一次进行信息反馈。这一步对学习中等生和后进生特别有利。

第二次尝试题不能同第一次相似，否则就失去了意义。它一般同例题稍有变化或采用题组形式。第二次尝试练习后，教师可进行补充讲解。

这一数学教学模式的运用需要注意：

（1）这一教学模式的基本操作模式并不是凝固不变的，应该根据不同教学内容、不同的学生情况以及教学条件的变化而灵活应用。

（2）应用尝试教学操作模式，学生要有一定的自学能力。因此要注意学生对象的具体情况，如年龄，基础等。

（3）对于初步概念的引入课，一般不适合于应用“尝试法”教学模式。一般来说，前后有密切联系的教材，作为后继教材内容，应用尝试教学效果较好，这一点需教师在处理具体教材时予以把握。

（4）实践性较强的教材内容不适合于应用。有些实践性较强的教材内容需要强调学生进行动手操作，直接尝试似有强人所难之嫌，因此应用起来有一定的困难。

（三）“质疑法”教学模式

“质疑法”教学模式就是通过创新的教学思想、新颖的教学方法、人性化的教学设计来落实素质教育目标的数学教学模式，从其原始形态来看，类似于以布鲁纳为代表的发现学习的教学模式。

“质疑法”教学的主要特点是，在教学中不断提出问题（既可是教师提出，也可以是学生生疑），组织课堂讨论，以此来完善教师的教学方式和学生的学习方式，使学生的学习过程变成学生发现问题、提出问题、分析问题和解决问题的过程，从而培养学生的创新精神和实践能力，更好地完成教学任务，全面提高学生的素质。

该教学模式的基本结构为：

（1）设疑。采用多种手段与方法，巧设新奇的悬念、问题和情境，促使学生产生对某问题的不相信、疑惑，但一时又无法断定、不能解决，进而引起猜度、期待解决的情绪状态。

这一环节是学生质疑心理情感的酝酿阶段，是质疑法教学的关键步骤，应予以足够的重视。既要适时把握学生的心理，也要在选取手段和使用技巧上下工夫。称为质疑的“酝酿阶段”。

（2）激疑。教师根据事先设计的教学目标、计划程序，进一步地提出中心问题的“边缘”问题，有效地刺激学习者，使学习者产生强烈的、富有情感的认知冲突，激化学习者内在的一种强烈的平息这一冲突的心理期待，从而使学习者进入最佳的学习状态。这一步骤称为质疑的“激化阶段”。

（3）启发。充分把握学生对数学问题的兴趣爱好，紧紧抓住学生的原认知结构的状态特征，进行恰当地启发诱导，适时地点拨领引，或举例或比较，或猜想或比喻，使学生内在的心理冲突疑虑能够顺利地转化为平息冲突、填补空缺的外在的自觉行动。激发学习者的数学思维，开拓他们的数学想象，使学习者进入一种广泛迁移、主动发现和积极探究的数学活动状态。我们称这一阶段为质疑的“启发阶段”。

（4）析疑。提出问题是为了解决问题，质疑是为了析疑。在上述“激化阶段”和“启发阶段”的准备酝酿下，对学生提出的解决问题的想法和思路进行共同的分析（既可以是学生与学生之间的共同分析，也可以是教师参与学生中间进行讨论分析），从多个角度、多个层面、正向逆向、全方位地进行辨析和争论，使生生之间、师生之间的思维产生碰撞与交汇，从而达到化解疑问的目的。这一步骤可称为质疑的“辩驳析疑”阶段。

（5）评价。事实上，解决问题也不是数学活动的最终目标，而应该是通过展示质疑的全过程来发现和掌握数学方法，形成数学思想，通过归纳概括而提高数学理论水平，使学生在今后的学习或其他思考领域中能够有意识地把已掌握的数学理论思想方法加以运用，形成一定的数学能力，尽最大可能地体现数学的教育功能作用。我们称这一阶段为质疑的“评价归纳”阶段。

这一数学教学模式的运用需要注意：

（1）“质疑法”教学模式并不适合所有的教学内容，对一些数学概念的初次引入，往往需要教师举例分析，解释和验证，故不宜用这种教学模式。对于具体的数学教学内容，应该具体对待，不能滥用、套用教学模式。

（2）运用“质疑法”教学模式的前提是学生的学习兴趣和积极主动的学习状态，否则学生就不可能积极参与教学活动，教学任务将会落空，也就谈不上数学创造性思维的培养。

（3）运用“质疑法”教学模式的一个重要目的是培养学生的质疑能力，形成善于质疑的品质，养成勇于质疑的习惯，而不仅仅是课堂数学教学内容本身的学习和掌握。

（4）“质疑法”教学模式旨在培养学生善于学习、善于运用的能力，因而在整个教学过程中，尽量让学生独立生疑、探疑和释疑至关重要，切忌教师事事替代，而使这一教学法流于形式。

（四）“MM”教学模式

“MM”教学模式，即数学方法论（mathematical methodology，简写为MM）教育方式。

"MM"教学模式的主要特点是在数学教学过程中，教师遵循数学本身的发现、发明与创新等发展规律，遵循学生的身心发展和认知规律，使学生不断增进一般科学素养、社会文化修养，形成和发展数学品质，全面提高学生素养。

"MM"教学模式是教师在数学教学全过程中，充分发挥数学教育的两个功能，自觉地遵循两条基本原则，瞄准三项具体目标，恰当地操作八个变量（运用八项教学措施），从而达到全面提高学生素质的目的。具体程序如下：

数学方法论的基本原理$\xrightarrow{\text{分解}}$MM 因子（8 个）$\xrightarrow{\text{转化}}$MM 可控变量（8 个）$\xrightarrow{\text{操作}}$MM 状态变量（8 个）$\xrightarrow{\text{合成}}$实验指标（即人的素质指标）$\xrightarrow{\text{综合抽象}}$学生的素质。

（1）8 个 MM 因子为：数学的对象及性质研究；数学美学方法研究；数学发明心理学的研究；数学家成长规律的研究；数学史与数学教育史的研究；观察、实验、归纳、类比、联想、猜测等合情推理方法；数学模型法、公理化方法和抽象分析法等逻辑推理方法；一般解题方法研究。

（2）8 个 MM 可控变量为：数学的返璞归真教育（密切联系生活，提倡问题解决）；数学教学中的美育（运用审美原则，引进美学机制）；数学发现法教育（揭示创造活动，再造心智过程）；数学家优秀品质教育（介绍生平事迹，分析成败缘由）；数学史志教育（巧用数学史料，编制轶事趣闻）；合情推理的教学（教（学）猜想，教（学）发现）；演绎推理的教学（教（学）证明，教（学）反驳）；一般解题方法的教学（教（学）规律、策略、算法、应变）。

（3）8 个 MM 状态变量为：数学意识，应用能力；数学美感，审美能力；数学机智，创新能力；科学态度，竞技能力；唯物史观，洞察能力；合情推理能力，一般科学思维方式，形象思维的能力；逻辑推理能力，具体事物数学化的本领；运筹布算能力，数学智力活动结构，综合应用的能力。

这一数学教学模式的运用需要注意：

（1）要注意数学内容与数学方法的融合。教数学就是教方法，数学方法是"活"的东西，可以让学生终身受益。固然不能离开内容谈方法，但只有数学内容的堆积，不讲究数学方法的发现、整理和掌握，学习数学的路是走不远的。

（2）要注意数学思想的渗透。教数学就是教思想，数学思想博大精深，要靠平时教学的点点滴滴渗透，润物细无声。

（3）要注意数学人文精神的培养。数学学习的最终目的，是让学生获得数学人文的精神熏陶，发展"数学人格"，不能脱离数学人文的大环境，孤立地谈数学知识和思想方法。

第二节　国内外主要的数学教学方法

视频 5.2.1
五种教学方法

任何教学活动的开展，数学教师都要有一定的教学方法。当教学内容和其他条件确定后，教学方法将是取得预期教学效果的决定因素。因此教师必须理解和掌握数学教学中常用的教学方法，本节将介绍国内外主要的数学教学方法。

一、教学方法概述

教学方法是为实现既定的教学任务，师生共同活动的方式、手段和办法的总称，是教师创造性地指导学生通过探索，发现“新知”的科学方法。它是教师施教和学生受教，师生共同参与、双边活动的活动方法。

与教学策略一样，教学方法同样来源于教学实践。教育的实践活动是教学方法的唯一源泉。

教学方法有其历史制约性和继承性，它的产生和发展要受社会条件的制约，不同的世界观对其也有重大的影响。第二次世界大战后，世界各国普遍重视如何提高学生素质、培养数学能力的教学，从而启发式教学方法在学科教学中的应用得到普及。20 世纪 60 年代美国数学心理学家和教育家、结构主义教育思想的代表人物布鲁纳结合当时的社会经济发展需要和特点，提出要把发现学习作为儿童教学的主要方法，以鼓励儿童去发现知识的奥妙，去掌握学科结构，“发现式”教学法应运而生。

二、国内外传统教学方法简介

在人们长期的教学实践过程中，形成了一些相对稳定的教学方式，如按照教学活动的外部形态及在这种形态下学生认识活动的特点区分，一般有教师讲授法、师生谈话法、学生讨论法、学生活动法及自学辅导法等几种基本的数学教学方法。

（一）教师讲授法

教师讲授法是指教师通过特殊的教学语言系统而连贯地向学生传授知识、引导学生认识问题、培养其能力的方法。这也是最传统的教学方法之一。教师讲授法的基本步骤如下：

准备—导入—讲解—结束。

在运用教师讲授法教学的时候，要注意数学语言的准确性和逻辑性，注意体态语的运用，讲解要注意从具体到抽象，要注意启发性。

教师讲授法是教学史上最常用的一种教学方法。从教的方面看，它是一种传授式教学；从学的方面看，它是一种接受式学习方法。

教师讲授法既有优点又有局限性。它的优点在于能保证数学教师传授知识的主动性、系统性与连贯性，易于掌握课堂教学进度，有利于班级教学，也可以有力地启发学生积极思考，激发学习热情，能充分利用时间，课堂教学的信息量大。教师讲授法是解决知识量的广度、深度与学生认识有限性的有效途径。在某些教学环节，使用该方法能使教学内容保持流畅与连贯，便于重点内容的分析、难点的突破，易于帮助学生在较短的时间掌握基础知识。但是它使学生处于被动状态，不容易发挥学生的主动性、独立性、实践性和创造性，不利于培养学生发现数学问题的能力，不利于培养学生的内在动机，长期单一的使用容易导致呆板的教学方法。

（二）师生谈话法

师生谈话法是指教师和学生之间采用问答的方式展开教学内容，从而引导学生理解知识、获取知识和巩固知识的方法。师生谈话法的基本结构如下：

（1）提出要谈的问题。

（2）如果这个问题尚未数学化，则先将其数学化，并向不懂问题含义的学生作解释，使全班学生的起点比较一致。

（3）组织谈话，鼓励学生形成讨论和争辩的气氛，遇有突破性的建议及时认可，留待下一步考察其可行性。

（4）逐个考察已获全班学生初步认可的建议的可行性。完满解答问题并试作推广后请学生总结成功的经验和失败的教训，对曾经提出的各种建议作出评价，从而积累发现的经验。

运用师生谈话法主要需把握以下要点：一是要注意问题的启发性和牵引性。例如提出：这是一个属于什么类型、范围或性质的问题？是不是曾经碰到类似的问题？这个问题可能与哪些知识点产生联系？而不是提出：这个问题是不是可以使用配方法？你们能不能使用正弦定理？避免提出只需要简单地回答“是或不是”、“能或不能”的问题。二是要尽力达成教师与学生之间的互相合作、互相启发的“师生互动”的教学形态。在教学过程中，注意形成教师与学生问答时的共同参与活动、共同面对问题的民主气氛，而避免采用那种教师通过问题一味地“考问”学生的、两者地位有明显差异的教学形式。三是要注意教学目标的一致性、连贯性和集中性，通过问题的指定目标，或者围绕中心问题环环相扣、层层递进而达成目标。

（三）学生讨论法

学生讨论法是指学生按照教师预先制定的教学问题纲要逐一展开讨论，获取知识的方法。学生讨论法的基本结构如下：

（1）宣布讨论要达到的目的，公布讨论提纲。如果提纲篇幅较长，应当发给每个学生一份。

（2）将学生按预先拟好的计划分为若干组。研究表明，小组讨论的规模以 10 人左右为好，至少 5 人，至多 15 人。分组也以能力混合的分组为好，要兼顾学生的个性、熟悉程度、合作意向，参考学生的以往成绩和表现。如果讨论开始后教师感到不妥，也可稍作调整。

（3）组织讨论，逐个巡视。遇有沉闷的小组，教师可坐下来与他们一起探讨，直至形成讨论。遇有误入歧途的小组，教师应及时加以引导。遇有不愿意参加讨论的学生，要及时关心，予以鼓励，如果收效甚微，应当为他在第二课堂进行再次学习创造条件。

（4）任意指定一名学生代表他所在的小组汇报讨论结果。

（5）对结论、解决的方法以及思考过程加以分析和评价。

学生讨论法主要特点也是以问题为引导进行教学活动，与师生谈话法颇为相似，但也有明显的区别。第一，其教学问题纲要由教师明确提出，并在开始就给出要求和达成的目标，与之相比，师生谈话法中的问题一般具有隐含性的特点，学生一般并不需要了解教师所提问题的用意和作用，即在学生讨论法中，学生往往“直面”问题。第二，讨论的组织形式并不是以整个班级为单位，而是以几人一小组的形式组织讨论，即以学生与学生之间的互相合作、互相启发的“生生互动”的教学形态展开，教师可以参与某一小组的讨论，但并不固定，主要是起统筹兼顾、整体指导的作用，对学生的讨论不作直接干涉或评论。相对而言，学生的“自由度”很大，学生有足够的时间和空间让他们的思维自由驰骋 。第三，教学目标的设置往往采用由小到大、螺旋递进的方式。每个子目标由各小组的独立意见综合评价，统一定论，然后进入下一个环节。小组代表汇报讨论结果。

（四）学生活动法

学生活动法是指学生在教师的指导下，通过实验、实际操作、实地测量或参观等多种方式，了解体会事物发生、变化的过程，来探求事物的规律，以提高认识、获取知识和发展能力的方法。该教学方法的基本结构如下：

（1）导入。教师通过新课导入，激发学生学习新知识的兴趣，唤起学生探究新知的欲望。

（2）展开。教师引导学生主动探究新知，为学生提供参与的条件和机会，使不同层次的学生都有参与的信心和行动。

（3）深入。教师提供一定的时间，通过深层诱导，让学生积极参与讨论、争论，主动发表自己的想法，使学生思维充分展开，提高对新知识的理性认识。

（4）拓展。教师组织学生参与练习及评价、小结等，深化对知识的理解。

在学生活动教学法中，教师实现任务的方式既不像呈现行为时具有的绝对的自主性，也不像师生互动时具有的交往性，它是以组织和指导的方式辅助学生自主学习的教学方法。通过这种教学方法可以为学生提供宽松、愉悦的学习环境，教师将自己由学习过程中显性的决策者、主角，转变为学习过程中隐性的参与者、配角，为学生提供有心理安全感的学习环境，以促进学生独立活动的展开。在进行学生活动法教学时，可以采取分组教学的形式，分组的时候要注意学生的学习程度，这样便于教师协助学生进行个别辅导以及其他方式活动的展开，同时可以培养学生的团结协作精神、竞争意识及评价能力。但是分组教学时课堂教学良好纪律的维持是教师的一个难题。当然，在实施学生活动教学时教师还应注意以下几点：

（1）活动要有明确的目的，即为提高课堂教学效益、发展学生思维服务，不能单纯追求形式和趣味。

（2）设计的活动要有较高的“数学化”含量，保证手段和目的的一致。

（3）设计的活动要符合中学生的年龄特征。

（4）课本不是唯一的教材，在现行教材“活动”成分相对较少的情况下，教师可以增删重组及创新。

（5）活动应有变化，任何有趣味的活动，都会因为滥用而变得枯燥乏味。

（6）活动并不是指单纯的操作、实验等外显活动，也包括学生思维的内化活动。

（五）自学辅导法

自学辅导法是指在教师适当的辅导指点下，学生独立收集资料、寻求方法、探索真理，从而获取知识、发展能力的方法。该方法是卢仲衡教授于20世纪60年代设计并提出的，在我国数学教育界产生了极其深远的影响，是重要的数学教学方法之一。自学辅导法的基本结构如下：

（1）启。所谓的启也就是每节课教师的开头语，由教师向全班进行启发，从旧知识引入新问题，明确要学习的目的。

（2）读。所谓的读就是学生根据自学提纲、以粗读、细读、精读的方式阅读、理解和钻研课本，回答自学提纲上的问题。

（3）练。所谓的练就是学生通过动脑动手在练习本上做练习，尽量做到落笔准确。在学生阅读课本回答了自学提纲的问题之后，教师校正答案、解释重难点之后，使学生将自学到的知识进行运用并检查自学情况，从而加深对知识的理解和巩固。

（4）知。所谓的知就是及时反馈结果，校对答案，自我纠正。

（5）结。所谓的结就是对本节内容的总结，让学生进行总结，教师或是其他学生进行补充；也可以教师向全体学生进行小结。

自学辅导法可以更好地从学生的实际出发，适时调节自学水平不同的学生可以得到不同的发展，自学能力强的学生在完成学习任务后，可以自学更多课外知识，使自己的成绩越来越好；而自学能力差的学生，也可以在教师的指导和同学的帮助下，更好地完成学习任务。该方法为学生提供了一个宽松自由的、使学生有安全感的学习环境，以促进学生自主活动的展开，学生可以充分调动自己已有的知识经验，在开展独立自主的思维活动、自己理解知识的基础上，积极主动地与教师和同学开展交流，以实现对数学知识多层次、多侧面的理解。当然，在自学辅导过程中，学生独立活动并非是取消教师的主导作用，自学也不等于是无师自通。在学生自学、自练、自检的过程中，教师要尽心辅导，根据不同学生的不同情况进行有针对性的辅导。

三、国内外近代教学方法简介

随着社会的发展，教学领域内，不断有新的教学理论形成，随着教育思想的改变，教学方法也有了很大的革新与变化，下面介绍当前国内外颇为盛行的几种新的教学方法。

视频 5.2.2
国内外近代教学方法简介

（一）“读读、议议、讲讲、练练”教学法

读读、议议、讲讲、练练教学法又称八字教学法，这是上海市育才中学于 20 世纪 70 年代首先总结出来的。“读”就是引导学生自学教材和参考书，写读书笔记，这是教学的基础；“议”就是学生之间开展讨论，主动探究问题，这是教学的关键；“讲”就是教师解惑，可以由教师讲解，也可在教师指导下由学生讲解，这是教学的重要环节；“练”就是让学生亲自动手练习，这是学习、巩固知识的重要途径。

这种方法的优点是将读、议、讲、练穿插进行，能够调动学生积极性，有利于提高课堂教学效率，减轻学生课外负担，有利于培养自学能力、表达能力和创新精神，但教学过程不易控制。

（二）单元整体教学法

单元整体教学法是北京市景山学校于 20 世纪 60 年代初提出来的一种系统的教学方法。它是根据知识结构和学生水平将教材划分为若干单元，并分四个步骤进行：

（1）自学探究，就是教师对本单元的学习目的、方法进行简短的提示和引导后，让学生阅读教材，提出问题展开讨论。

（2）重点讲解，就是教师简要地讲解本单元的重点、难点和易混淆之处。

（3）综合训练，就是学生在模仿教材作一般性练习的基础上，着重研究那些综合性、技巧性的练习。

(4) 总结提高，就是在学生对本单元进行整理与归纳的基础上，教师予以深化、提高，即由学生的“自我总结”，过渡到师生的“共同总结”。

单元整体教学法的核心是在教师充分掌握教材，了解学生的基础上，找到学习这部分内容的知识结构和学生主动学习这部分知识的认知结构，并当两者有机结合（即找到最佳点）时，教学就能取得明显的效果。其优点是：体现了以教材为主线，有利于培养学生的自学能力和探究精神，有利于获得比较系统、完整的知识。

（三）六课型单元教学法

这是武汉师院黎世法于20世纪80年代中期提出来的，将教材分为若干单元，依次通过以下六种课型进行教学的一种方法。自学课——学生根据教师的要求，在课堂上自学教材；启发课——教师进行重点讲解；复习课——教师指导学生在课堂上进行独立复习；作业课——教师指导学生在课堂上独立作业；改错课——在课堂上师生结合，共同批改作业；小结课——将知识技能概括化、综合化。这种方法可减轻学生的学习负担，也可减轻教师批改作业的负担。

（四）发现式教学法

发现式教学法又称问题教学法，这是美国著名心理学家布鲁纳于20世纪50年代首先倡导的，让学生自己发现问题，主动获取知识，从青少年好奇、好学，好问、好动手的心理特点出发，在教师的指导下，通过演示，实验、解答问题等手段，引导学生像当初数学家发现定理那样去发现知识，以便培养他们进行研究、探讨和创造的能力。发现法又因其思维方法的不同，分为类比法、归纳法、剖析法、学习迁移法和知识结构法等。其教学的一般步骤是：

创设发现情境→寻找问题答案→交流发现成果→小结发现成果→运用发现成果。

发现式教学法使学生既学到知识，又学到科学的思想方法，有利于激发学生的学习兴趣，培养创造能力。但费时较多，不利于学生掌握系统的知识和形成必要的技能技巧，也难以普遍加以运用。

（五）程序教学法

程序教学法是美国心理学家和教育学家斯金纳于20世纪50年代根据行为主义心理学理论和控制论原理首创的。程序教学法是指让学生按照一定程序独立获取知识的一种教学方法，其基本思想是把学生掌握知识、技能与技巧的过程程序化，使学生按程序进行独立的、个别化的学习。

程序教学法的大致过程是：精选教材内容编写成包括课本、练习和答案在内的程序教材，或借助电子计算机和其他教学仪器将教材内容予以呈现；

学生按照程序，看教材，做练习，对照答案，及时获得反馈，以不断调整自己的学习活动，遇到困难再由教师进行个别或集体辅导。程序教学法又可分为基本程序和复合程序两种。

这种教学方法的优点是能充分调动学生的学习积极性，有利于培养学生的自学能力、动脑动手的能力，有利于因材施教。在数学教学中，恰当地运用程序法，会起到提高教学质量的作用，但并非所有内容都易做到程序化，况且学生的活动过于程式化，会削弱教学的教育性，从而不利于学生智能的发展。

除上述教学方法之外还有很多其他的教学方法，如研究法，问题讨论教学法、MM 教学法、学导式教学法等。

综上所述，我们可以看到，这些新的（相对于传统的）教学方法，都突出地反映了当前一些教学方法的共同特点，这就是：注重对学生智力的开发与培养；注重对学生学习心理的探讨和学法的研究；注重发挥教师的主导作用和学生主体作用相结合；注重对传统教学方法适当的保留并加以改进。在教学中要正确处理好传统教学方法与新教学方法之间的关系，在运用好传统教学方法的基础上，慎重地选用新的教学方法，并努力实践，选择出适合自己和学生的教学方法。

第三节 怎样选择合适的数学教学方法

通过前面两节国内外主要的教学模式和教学方法的介绍，我们可以知道各类教学模式和教学方法都有各自的优点和缺点。教学方法的应用本身并不是一种目的和内容，而是实现教学目标、教学内容的途径和手段。因此，对教学方法的选择并不是随意行为，也不是一成不变的。本节将介绍如何选择合适的数学教学方法。

视频 5.3.1
存在的一些数学问题及数学教学方法确立原则

一、选择数学教学方法的原则

每一课程的教学方法的选择都需要遵循一般的教学原则，例如启发性原则、循序渐进原则、因材施教原则等，数学教学的选择除了要遵循一般的教学原则之外，还需要遵循以下原则：

（一）教学方法的选择应适应学生的年龄和心理特点

通过前面的学习，我们知道，不同年龄段的学生有着不同的认知特征和年龄特点，例如相当一部分的数学教师在数学课堂教学中可能都经历过这样的现象：初一学生在上数学课时，对课堂上教师的提问都有很高的积极性，可以用争先恐后来形容。这种与年龄和年级相适应的特征，为启发式教学和发挥学生的主动性和积极性创造了非常有利的条件。但学生进入初三或高中以后，则会发生明显的变化。学生主动回答问题的积极性明显降低，因此，如果仍然采用与低年级相同的教学方法，一定不会取得好的教学效果。所以，教学方法的选择要适应学生的年龄和年级特点。

（二）教学方法的选择应适应学生的能力基础

初一学生的数学能力是从小学培养起来的，只具备简单的运算和逻辑推理能力，以及初步的分析问题、解决问题的能力等。但是在中学学习一段时间后，学生的数学能力会有明显提高，这就说明：在不同的阶段，学生会表现出不同的能力水平。所以，教师的课堂教学方法必须建立在学生各阶段能力发展的基础上，这样才能有利于激发学生学习的积极性、主动性和创造性。

（三）教学方法的选择应适应知识类型和学科特点

数学课堂教学内容大致可分为概念性、论证性、运算性、复习练习性、考试总结性的。不同性质的知识对学生来说有不同的要求，所以，教师在数学课堂教学中，对不同性质的知识，应根据教学目的、要求和学科特点，采取不同的教学方法。

二、数学教学方法的选择过程

视频 5.3.2
数学教学方法的选择过程

（一）分析教学内容

教学内容的分析是选择教学方法的一个重要环节。它将影响教师对教材的把握，直接影响对学习水平的确定、教学目标实现、学习目标的陈述及教学媒体的正确选择等各个工作环节。一般来说，对教学内容的分析可以从三个方面进行：一是建构教材内容的知识体系；二是确定知识点；三是确定教学内容的重点和难点。完成这三项工作，便为目标的实现打下了良好的基础。

（二）确定教学目标

教学目标是教师和学生从事教学活动的指南和出发点，同时也是评价教与学的依据。可以说教学目标是影响教学方法选择的重要因素之一。在确定目标时教师应首先注意教学目标的不同，目标的层次水平不同所选择的方法也应不同。其次从学生的主体性出发，不但教师应该有教学目标，学生也应该有学习目标。教学目标和学习目标是两个完全不同的过程，服务于两个不同的主体。最后在制定目标时，应该全面考虑认识、情感和技能领域的目标。

（三）了解学生的特征

教学方法的选择，必须要以适应学生的基本特征为前提。如果忽视了学生的特征分析，所选择的教学方法常常不能达到预期的效果。分析学生特征一般可以从三个方面入手：一是了解学生的一般特征，注意学生的心理活动和社会特点。二是了解学生的能力，主要分析学生从事特定学科内容学习的准备状态，即已经具备的有关知识技能的基础以及对学习内容的态度。三是了解学生的学习风格，学习风格是指学生对感知的不同刺激，并对不同刺激产生影响的所有心理特征。

（四）了解教师自身的特征

作为教学过程中的主导者，教师首先了解自身的一些基本特征。教师的自身特征是选择教学方法的主观条件。教师在教学中表现出来的不同特征，将直接影响着教学方法的选择。由于教师的个性各不相同，这些不同点主要包括教育教学观念、教育与教学理论知识的储备、语言表达能力、教学研究能力、媒体应用能力、教学经验与教学风格等。很显然，教师在选择教学方法时必须充分考虑这些因素。只有符合自身的条件，才能为教师所掌握的教学方法发挥良好的作用。

（五）确定教学组织形式

教学活动是通过一定的组织形式实现的。如何把一定的教学内容教给学生，如何组织好教师和学生，如何有效地安排教学时间和空间，如何发挥教学媒体的作用等，这些都是教学组织形式要解决的问题。任何教学方法最终都将集结具体落实到一定的组织形式之中。在课堂教学中，怎样选用合适有效的教学组织，显然是教师重要的教学技巧之一。需要注意的是教学组织形式不存在唯一的、万能的。为实现良好的教学方法应选择最适合的组织形式。

（六）选择适宜的教学媒体

教学媒体的选择是选择教学方法时需要认真思考的一个重要问题。特别是现代信息社会的条件下，教学新的教学媒体层出不穷，功能也越来越丰富。媒体选择的成功与否，直接影响教学效果的好与差。在选择教学媒体时，首先应该考虑以下标准：一是要考虑适合度，即教学媒体是否适合于特定的教学内容；二是考虑难易度，即教学媒体是否适合学习者的智力水平、知识水平等。很显然，在进行选择媒体时，并不是越现代的媒体越好，应该根据各个教学要素的情况不同，选择合适的教学媒体。同时，应根据教学内容和教学目标的需要及各种媒体的特性，扬长避短，互为补充，有机地选择教学媒体，充分发挥整体功能大于各个部分之和的作用，达到教学过程的优化。

三、数学课堂教学方法的实施策略

视频 5.3.3
数学课堂教学方法的实施策略

（一）根据数学学科的特点选择教学方法

数学课堂教学方法的选择，应首先考虑数学学科的特点，进而考虑它是哪种类型的数学课，然后决定师生的活动方式和方法。

（1）学生通过课前预习和共同研究探讨能够理解的数学概念、定理的证明、公式的推导等，在讲解之前，应该给学生自学的时间，然后再由教师讲解。如相似三角形的性质、二次根式的乘除法等课时的教学。

（2）概念性较强的内容，教师可列出一些富有启发性的提纲，让学生根据提纲阅读教材，最后让学生根据提纲回答问题。如函数的概念、实数的概念和性质等课时的教学。

（3）定理和公式应用性质的内容，多以例题的形式出现，这些内容可以让学生边看边做，最后由师生共同归纳总结，从中找出一些规律性的知识和方法。如待定系数法、相似三角形应用举例等课时的教学。

（4）对于以运算性、思考性为主的内容，应该给学生充分的时间去思考、口答、练习。如多项式乘法、因式分解等课时的教学。

（5）对于那些有多种证法的定理、公式、性质，具有一题多解的例题，可以组织学生边看边练，或先集中一段时间阅读，然后分组讨论，最后教师在学生发言的基础上作总结式的讲解。这样的内容也可以由教师先提出问题，列出提纲，然后由学生自学、讨论，再由教师讲解，最后让学生练习。如相似三角形的性质、全等三角形的判定等的教学。

（二）根据学生的心理发展特征和能力基础选择教学方法，使之正确体现教与学的关系

课程标准指出，数学课程“不仅要考虑数学自身的特点，更应遵循学生学习数学的心理规律和能力基础……数学教学活动必须建立在学生的认知发展水平和已有的知识能力基础之上。”中学阶段是学生生理、心理和智力发展较快的时期，这一时期的学生受心理特征和能力基础的制约，在求知欲、节水知识的能力、分析问题和解决问题的能力等许多方面都存在较大的差异，所以中学数学课堂教学方法要适应学生之间存在的这种差异。

（1）对于初中低年级的学生，教师要注意采用多样性教学方法，要注意给学生营造科学、和谐、愉快的学习氛围，教学内容的引入要贴近生活，因为生活化、趣味化的情境有助于激发学生的学习兴趣，使学习成为一种乐

趣，成为学生的一种自觉行为。对于学生运算能力的培养，教师要注意规范学生的解题过程，在课堂教学中通过口头练习、板演等多样化手段，及时纠正学生解题过程中出现的错误。在这一阶段中，教师要从加强课堂阅读教学入手，培养学生的自学能力，同时要注意，不能因强调增加学生的活动时间而忽视教师的讲解作用，因为这一阶段的学生受自身知识和能力基础的影响，自学能力不强，课本上的问题和新知识他们是不可能通过自学而全部理解的，必须发挥教师“讲”的作用，这样才能使他们的数学能力达到更高的要求。

（2）对于初三或高中阶段的学生，他们的特点是：在课堂上主动回答问题的积极性降低，独立思考能力进一步加强，分析问题和解决问题的能力有很大提高。教师在教学中要注意针对学生的这一特点，在教学内容的选择上要多选用一些开放性、探索性的问题，培养学生的思维能力与创新精神。在教学方法的选择上要体现：教师引导、实践操作、自主探究、合作交流。

总之，教学方法的选择，是任何教学活动都需要的。数学课堂教学由于教师这个主导者存在差异性，教师对教材中知识和技能的理解、体会和掌握的深度也各不相同，所以，课堂教学方法不可能、也不应该有固定的模式。它必须体现“因人而异，因书而异”。实际而有效的数学课堂教学方法必须能够体现教学规律、认知规律和数学学科特点，从而提高数学课堂教学效果。

理解·反思·探究

1. 什么是数学教学模式？它有哪些特征？
2. 试举例说明国内外主要有哪些数学教学模式？
3. 结合实践谈谈如何进行数学教学模式改革。
4. 什么是数学教学方法？它有哪些特征？
5. 试举例说明国内外主要有哪些数学教学方法？
6. 结合实践谈谈选择数学教学方法的原则有哪些？
7. 结合实践谈谈选择数学教学方法的策略有哪些？
8. 结合具体教学内容谈谈如何选择合适的数学教学方法。

拓展阅读导航

[1] 徐世贵，刘天成，秦辉. 名师备课与课堂有效性(中学版) [M]. 重庆：重庆大学出版社， 2011.

[2] Bruce Joyce，Marsha Weil，Emily Calhoun. 教学模式 [M]. 荆建华，宋富钢，花清亮，译. 北京：中国轻工业出版社，2002.

[3] 默耕. 教学方法荟萃 [M]. 福州：福建教育出版社，1993.

第六章　几种主要的数学课型及其教学模式

要点提示

- □ 理解教学内容决定教学形式，掌握数学课的不同课型结构，能够根据不同的内容选择不同的课型。
- □ 数学概念教学首先要了解数学概念的含义，理解数学概念教学的意义，把握数学概念教学出现的问题。理解数学概念教学有概念同化教学模式、概念形成教学模式等。
- □ 数学命题教学首先要了解数学命题的含义，理解数学命题教学的意义，把握数学命题教学中出现的问题。数学命题教学的基本过程包括：命题的引入、命题的证明、命题的应用等。
- □ 数学技能教学首先要了解数学技能的含义，理解数学技能教学的意义、数学技能的分类以及数学技能教学的一般模式。
- □ 问题解决教学首先要理解问题、数学问题的含义以及类型，理解问题解决教学在数学教学中的意义和价值，掌握数学问题解决教学的一般模式。
- □ 数学活动课教学首先理解数学活动课的基本含义，数学活动课在数学教学中的意义和价值，掌握数学活动课的一般教学模式。

学习目标

- □ 理解教学内容决定教学形式，掌握主要数学课型的基本结构，能根据具体教学内容选择合适的课型。
- □ 掌握概念教学的基本要求，并能根据具体教学内容进行教学设计。
- □ 掌握命题教学的基本要求，并能根据具体教学内容进行教学设计。
- □ 掌握技能教学的基本要求，并能根据具体教学内容进行教学设计。

- □ 掌握问题解决教学的基本要求，并能根据具体教学内容进行教学设计。
- □ 掌握数学活动课教学的基本要求，并能根据具体教学内容进行教学设计。

导入

课堂教学是我们教学工作者的日常工作，是教师与学生沟通的主渠道。它集中体现了教师对教材的取舍能力、对知识的探究能力、教学设计的能力、激发学生求知欲的师者魅力。

教师传授知识、学生获取知识的主要手段是课堂教学，要提高教学质量，其主要任务就是重视课堂教学，改进课堂教学，切实提高课堂教学的有效性，为了做到这一点，应在备好课的基础上，恰当处理课堂教学中的几种关系：

- □ 新与旧的关系。数学是一门系统性很强的学科，如果没有前面学过的基础知识为前提，就很难学好后面的新知识。新知识是从旧知识发展来的。这就要求我们在讲课中以旧引新、讲新带旧、新旧结合，承上启下，运用对比、类比等方法使学生在旧知识的基础上获取新知识。
- □ 深与浅的关系。在课堂教学中，先讲什么，后讲什么，哪些该讲，哪些不讲，讲解得深度与广度如何，这都是关系到课堂教学质量的大问题。在传授知识时应由浅入深，深入浅出。掌握教学规律，适合学生思维层次的教学才是合理的。而那种“揠苗助长”的做法会适得其反，会造成学生深的内容难入，浅的内容飘浮，学习效果华而不实，玉外絮中。
- □ 多与少的关系。目前由于“升学率”的压力，教师和学生往往一头钻进“题海”中不能自拔，在课堂教学中“韩信点兵，多多益善，以讲代练，面面俱到”，教师“用心良苦”，而学生却不能“心有灵犀”。教师只有抓住少而精，让学生多去想想为什么，让他们自己去学、会学，教学效果才能提高。
- □ “死”与“活”的关系。对数学中的基本概念、定律、定理、公式及法则等知识，只有将他们放在一起环环相扣，这些知识才能“活”起来。如果将他们孤立起来，讲得太“死”，知识信息在学生思维过程中就“活”不起来。教师只有“教活”，学生才能“学活”。教师在教学中还要“活中有死”，即是说在灵活的解题中注意总结规律，学生才能“死中求活”，即是说把规律灵活运用。这就要求我们在课堂教学中采用有趣、多变、规范、实用等手段正确处理好教学中的“死”与“活”的关系。
- □ 宽与严的关系。为了进一步实施自己的教学计划，教师要有一定的组织课堂教学能力，要求学生听课聚精会神，开动脑筋，真正做到课堂教学中“管而不死，活而不乱”，宽严适度，严而有格，宽而有法。要在教学规律上要时间，教学方法上要效率，把课堂教学质量真正提高到一个新的层次。

同时，针对不同的教学内容数学课有不同的结构，为了更好地理解数学课堂教学，我们有必要先了解常见数学课型的基本结构。

第一节　主要数学课型的基本结构

中学数学教学的基本形式是课堂教学，根据数学课的特点，可把它分为绪论课、新授课、习题课、综合课、复习课、测验课、讲评课及实习作业课等类型。现将几种主要的课型结构和基本任务要求介绍如下。

视频 6.1.1
新授课

一、新授课（或称新知课）

新授课是指教师利用各种手段，选择适合新课特点的教学方法让学生获取新的数学知识。在教学处理中要立足今天、联系昨天、关注明天，讲其当讲，练其当练，充分调动学生进行积极思维。使学生在学习基础知识的同时，在能力上得到一定的培养。

新授课的课时结构一般有五个环节：导入新知；讲解新知；领会理解；巩固练习；布置作业。具体如下：

1. 导入新知

要上好一堂数学课，良好的开端必不可少。恰当的导入有利于营造良好的教学情境，集中学生的注意力，激发学习兴趣，启迪学生思维，唤起求知欲，为取得良好的教学效果奠定基础。常见的数学新课导入方法有：复习导入、类比导入、设疑导入、游戏导入、开门见山导入、故事导入、情境导入等。教师要恰到好处地应用它们，提高课堂效率。

2. 讲解新知

讲解新知时，教师要做到不仅使学生“学会”，而更重要的是使学生“会学”。教师在课堂教学中对学生要启发诱导，作必要的讲解，而不是包办代替、满堂灌，这就要求教师在讲解新知中能做到：

（1）提出矛盾引起议论，启发学生积极思维。

（2）既讲正向思维又讲逆向思维，使学生的思维活动步步深入。

（3）多让学生独立思维，培养他们的求异思维能力，教师不能缚其手足。

（4）既讲正确思维又讲错误思维，正反比较，养成科学思维方法。

3. 领会理解

领会理解是完成教学任务的关键一环。教师讲得再好，学生不理解还是一句空话，要让学生进行认识概念，掌握它的确切定义，弄清定理的条件、结论和证明方法，总结出解题规律等工作，这都是教学中至关重要的。这就要求教师运用灵活的方法，打开学生思路，引导学生一题多解等。

4. 巩固练习

巩固练习阶段是课堂教学的重要组成部分。需注意：

（1）学生板演时，教师既要注意板演情况，又要在全教室巡视，以掌握学生练习的整体情况，及时发现问题。

（2）从教学活动的开展与效果来看，安排学生板演并非一定要做得完全正确，有时出现一些错误或问题，正是进行研讨，深化教学，鉴别错误的好材料。

（3）一方面尽可能在自愿的基础上安排学生板演，另一方面从长远来说，安排的面宜宽不宜窄，最好让所有学生都有机会板演，让学生板演的题的难度应适合该学生的水平。

5. 布置作业

最后布置家庭作业是必不可少的一项工作，这是对课堂教学的补充和深化，需注意：

（1）作业布置要清楚，最好在黑板上写出页数与题号。补充的题目要印发，或者留有时间让学生抄录清楚。

（2）难度过大的题可作适当提示，但不要过于细致和具体，不能代替学生解决难点。

（3）课本上的习题要全部处理，补充题可指定必做或选做。选做题要鼓励有能力的学生尽量做。

（4）思考题要有布置，有检查。以适当的方式让学生明确答案。

二、习题课

视频 6.1.2
习题课

习题课是教师在一章一节的教学基础上根据知识系统进行归纳整理，通过例题讲解对所学知识进行巩固、提高、补充，或者是在教师指导下，由学生在课堂上独立完成作业的课型。

习题课的主要任务是使学生掌握运用学过的知识来解题的技能、技巧，从而巩固已学知识，发展思维，进一步形成解决实际问题的能力。

习题课的结构一般是：复习；练习；小结；布置家庭作业。

在习题课内容安排上，教师不应把过多的精力放在课外资料习题的引进上，否则将是舍本求末，不仅加重学生负担，而且还会削弱教材基础知识的掌握。如果在课本习题、复习参考题的基础上辅以适当补充题，合理配备，挖掘习题间的内在联系并有机结合起来，这样的习题课就有成功的可能。为此，要求在习题安排上做到目的明确，考虑到培养技能的练习、总结规律的练习、学生探讨的练习、综合性的练习等各个方面，并注意：

（1）抓住主要矛盾，使其他次要矛盾迎刃而解。

（2）抓住问题的关键，弄清知识间的联系。

（3）讲解正面问题的解决方法，同时探讨反面问题的解决思路和方法。

（4）习题有合适的梯度，提高灵活运用基础知识解题的能力。

视频 6.1.3
复习课

三、复习课

复习课是以巩固和加深已学过知识为目的的课，其主要作用是使知识系统化。

复习课的方式是多种多样的。有时教师采用复述旧知识的方式，利用复习题讲解法进行；有时教师采用事前准备好的复习提纲，用提问的方法进行，让学生在回答按知识系统编排的题目过程中，对知识的理解和运用得到巩固；也有时用演算或证明习题的方式来复习知识。

1. 讲述

教师应将重点讲述或讨论的问题在课前系统组合编排，应在了解学生、吃透教材的基础上进行。首先，讲述的内容应源于课本，高于课本，不是复述课本知识，而是将课本知识进行创造性的组合，找出规律性、系统性，让学生通过复习题对所学知识能进行综合和开拓；其次，要吃透“两头”，既不能偏离课程标准、超过学生实际水平，又不能降低水平和要求，使知识的形成有完整的结构，使知识之间有纵横的联系；最后，要注意数学归纳法、反证法、待定系数法、变量替换法、辅助函数法等数学方法的应用与总结。

2. 提问

复习中采用提问法，其效果是显著的，因为这种方法活泼，学生思维集中，兴趣较大，课堂提问应从知识本身的内在联系出发，从学生认识过程的基本规律出发，精心设计提问就显得更为重要。课堂提问的目的是引导学生在不知不觉中复习旧知识，让学生产生一种“立体感”。另外，教师应通过提问引导学生整理、归纳、加深理解所学过的旧知识，根据学生的回答，教师再作系统的总结。

教师的课堂提问应注意以下几点，否则就达不到预期的效果。

① 问题明确；② 有启发性；③ 难度适当；④ 面向全体学生；⑤ 保护学生回答问题的积极性。

3. 习题

为了达到复习知识的目的，习题安排应题型多样，覆盖面大。应精选典型习题，适当引申，深化概念，系统安排，循序渐进，并尽可能揭示题与题之间的或解法之间的逻辑联系。

总之，复习课一般结构是事先提出复习提纲，采用重点讲述、讨论、做习题等方法，最后布置复习作业，其中复习课的作业一般比平时作业更带有综合性和研究性。

另外，在总复习中采用专题讲座的方法也是行之有效的教学方法。

四、讲评课

视频 6.1.4
讲评课

讲评课一般分为作业分析课、试卷分析课两类，这类课的主要任务是对学生作业进行分析，对某次考试进行总结。

这类课的内容与结构有两类，一是分析错误—问题归类—找出原因—加以改正—总结教训；二是列出多种解法—分析比较其思路—加以评价—总结经验。

作业分析课一般可两周左右进行一次，着重提出学生普遍存在的问题。试卷分析课可在测验后进行，不仅要讲试题的正确性，还应纠正各种错误解法并分析其产生的原因，从中找出解题规律。

视频 6.2.1
数学概念的教学

第二节 数学概念的教学

一、概念的含义

数学概念是反映思考客观现实世界中的数量关系和空间形式的本质属性的思维形式。何为数学概念的本质属性呢？一般地说，一个特定的数学对象，在一定范围内保持不变的性质，就是该数学对象的“本质属性”，而可变的性质则是“非本质属性”。例如，平行四边形这个数学概念，它具有方位、大小、形状诸多方面的属性，但只要抓住“四条边”这一属性，就可以把它与多边形区别开来；只要抓住“两条对边分别平行”这条属性，就能把它与一般四边形区别开来。“四边形”“两组对边平行”就是平行四边形这个概念的本质属性。一旦把本质属性从众多属性中分离出来，并把这些本质属性作为一个“整体”，就形成了“平行四边形”这个清晰的数学概念。

数学概念是由它的内涵和外延组成的，给定一个数学概念就意味着确定了它的内涵和外延。明确数学概念的内涵和外延是准确掌握概念和系统掌握知识的基础。数学概念的内涵就是数学概念所反映的事物的本质属性的总和，也就是概念的内容；数学概念的外延是指数学概念所反映的事物的总和，也就是概念的范围。数学概念的内涵和外延分别是对事物的质和量的规定，这两个方面是相互依赖、相互制约，并且具有反变关系。例如，“偶数”这个数学概念的内涵就是“能被 2 整除”这个性质，其外延是所有偶数的全体；“一元二次方程”这个数学概念的内涵就是“只含一个未知数且未知数的最高次是二次的等式”这个性质，其外延是一切形如 $ax^2+bx+c=0(a\neq0)$ 的方程的全体。

二、数学概念的类别

数学所研究的基本概念不是现实的存在，是人们在数量和图形等方面对事物本质进行抽象的结果。一般地，数学概念来源于两方面：一是对客观世界中的数量关系和空间形式的直接抽象；二是在已有数学理论上的逻辑建构。相应地，可以把数学概念分为两类：一类是对现实对象或关系直接抽象而成的概念，这类概念与现实如此贴近，以至人们常常将它们与现实原型

“混为一谈”、融为一体，如三角形、四边形、角、平行、相似等都有这种特性；另一类是纯数学抽象，这类概念是抽象逻辑思维的产物，是一种数学逻辑构造，没有客观实在与之对应，如方程、函数、向量内积等，这类概念对建构数学理论非常重要，是数学深入发展的逻辑源泉。而依据心理学研究成果，我们又可以将数学概念分为三种类型：第一种是“合取概念”，即几种属性联合在一起对概念下定义，如“映射”概念即为合取概念；第二种为“析取概念”，即在许多事物的各种属性中，找出一种（或几种）共同属性来给概念下定义，这样定义的概念称为“析取概念”，如“圆锥曲线定义”就是典型的析取概念；第三种为“关系概念”，即以事物的相对关系作为概念定义的依据，所得的定义概念称为“关系概念”，例如“正棱锥”就为关系概念。

三、数学概念学习的过程

数学概念的学习有两种基本方式，一是概念形成，二是概念同化。

（一）概念形成

概念的形成是一种通过对概念所反映的事物的不同例子中，让学生积极主动地去发现其本质属性，从而形成新概念的方式。概念形成的心理过程为：

（1）辨别同类事物的不同例子，根据事物的外部特征，在直观水平上进行辨认。

（2）提出它们的共同本质属性的各种假设并加以检验，从而抽象出各例子的共同属性。

（3）把概括出来的本质属性与认知结构中的适当观念联系起来，扩大或改组原有的数学认知结构。

（4）将本质属性推广到同类事物中去，明确新概念的外延。

（二）概念同化

概念的同化是一种由学生主动地与自己认知结构中原有的相关概念相互联系、相互作用，以领会它的意义，从而获得新概念的方式。从本质上说，概念同化是利用已经掌握的概念去学习新概念，或者修改、改造旧概念，使之适应新的学习需要的过程。

概念同化学习必须具备两个前提条件：第一，新学的概念本身必须具备逻辑意义；第二，学生原有的认知结构中要具备同化新概念所需要的知识经验。

概念同化的心理过程包括以下几个方面。

1. 辨认

辨认定义中的新观念，哪些是已有概念？新旧观念之间存在着什么关系？这一过程包含了回忆与知识的重显。例如，学习矩形的概念，在给出矩形定义之后，学生必须对“四边形”“平行四边形”“相邻两边的夹角”等已有概念进行回忆和辨认。

2. 同化

建立新概念与原有概念之间的联系，把新概念纳入原认知结构中，赋予新概念一定的意义。例如，上述关于矩形概念的学习，学生将矩形与平行四边形比较，发现新概念是已有旧概念的组合，于是通过建立新、旧概念的联系，从而获得矩形概念。同时，获得新概念后又扩大和改组了原有的数学认知结构。

3. 强化

通过将新概念与某些反例相联系，使新概念与原有概念进一步精确分化。

概念同化的本质是利用已经掌握的概念去获取新概念，因此概念同化的学习方式必须具备一定的条件。从客观上说，学习的材料必须具有逻辑意义，所学的新概念应与学生已有的有关概念建立“非人为”联系和“实质性”的联系。这里的“非人为”联系，指知识与知识之间继承和发展的关系，是知识间内在的联系，而不是人为强加上去的。如果学生把新知识与原认知结构中已有的不适当、不相关的知识生拉硬扯地强行联系起来，那就会使新旧知识之间建立“人为的”联系。

（三）概念学习的两种方式的比较

概念形成是以学生的直接经验为基础，用归纳的方式抽取出一类事物的共同属性，从而达到对概念的理解。因此，在教学方法上表现为布鲁纳倡导的“发现法”比较吻合，适合于低年级的学生学习数学概念，也适合于“原始概念”的学习，因为原始概念多是建立在对具体事物的性质的概括上，依靠的是学生的直接认识与直接经验。

概念同化则以学生的间接经验为基础，以数学语言为工具，依靠新、旧概念的相互作用去理解概念，因而在教学方法上多是直接呈现定义，与奥苏贝尔的“有意义地接受学习”方式基本一致。由于数学概念具有多级抽象的特征，学生学习新概念在很大程度上依赖于旧概念以及原有的认知结构，所以概念同化的学习方式在数学概念学习中是经常和普遍使用的，特别是对高年级的学生学习数学概念更加适合。

最后还要指出两点，一是概念形成与概念同化不是相互独立和互不相关的。事实上，从上述分析两种学习形式的心理过程可知，概念形成也包含着同化的因素，是用具体的、直接的感性材料去同化新概念。二是无论低年级还是高年级学生，在数学概念教学中都不宜单纯地运用某一种方式。概念形成的教学方式比较耗费时间，但有利于培养学生观察、发现的能力；概念同化的教学形式可以节约教学时间，有利于培养学生抽象及逻辑思维能力。因此在数学概念教学中，应当把两种形式结合起来综合使用，使之扬长避短、互为补充。

四、数学概念教学的一般模式

视频 6.2.2
数学概念教学的一般模式

根据以上两种基本方式，形成概念教学的一般模式为：概念探究—呈现概念—概念深化—概念应用—数学联结。概念教学的几个阶段的活动内容如表 6-1 所示。

表 6-1　概念教学的一般模式

阶　段	活动内容
概念探究	在特定的背景下，通过合理设置的脚手架，探究概念的本质属性
呈现概念	给出定义
概念深化	对概念进行多角度的辨析，揭示概念的内涵和外延
概念应用	巩固概念，应用概念的定义进行简单的应用
数学联结	构建该概念表征体系，并将获得的概念与相关的概念广泛联系

下面介绍一下各阶段具体采用的数学活动。

（一）概念探究

1. 观察、归纳

大多数抽象的数学概念，我们可以在现实生活中为其找到具体的模型，教师在教学过程中，可以让学生通过观察具体模型，进而帮助学生归纳和掌握抽象概念的性质和特点。教师把对学习和具体模型的操作看成概念抽象和建构前的操作活动，学生通过为抽象概念搭建具体模型，对抽象概念产生形象的认识，进而对概念主动建构。高中数学概念中，例如等差数列、等比数列、指数函数、函数的单调性、函数的奇偶性、函数概念、数学归纳法等，学生通过观察具体模型，归纳提炼出所给模型的共同特性，进而建构数学概念。以这种方式进行数学教学，不仅可以让学生获得对概念的理解，还可以培养学生的观察能力，提高数学思维能力，形成数学思想方法。

2. 类比、迁移

数学知识的系统性很强，数学概念也不是孤立的，教师应从有关概念的逻辑联系和区别中，引导学生理解相关的数学概念，从而在学生头脑中形成一个比较完整准确的概念体系。应用类比法，可以促使学生回顾旧知，尝试在已有知识的基础上，去发现新结论。根据建构主义学习理论，类比新知识，可以有效地实现旧知识在新内容中的正迁移，帮助学生建立新旧知识的联系，突破教学难点，降低教学难度。例如，在学习椭圆的相关性质后，双曲线、抛物线的性质可由学生自主探究。

3. 实验、探究

“数学实验”就是利用计算机软件或学生自己动手制作模型等对数学现象或命题进行检验的过程。是让学生通过自己动手操作进行探究、发现、思考、分析、归纳等思维活动，最后获得概念、理解或解决问题的一种实践过程。它如同“物理实验”“化学实验”一样，旨在通过实验，验证数学问题的真实结果，揭示数学问题之间的内在联系，发现数学问题规律，提高解决数学问题的能力。

（二）概念深化

1. 变式教学法

传统意义上的概念变式主要包括两类：一类是属于概念的外延集合的变式，称为概念变式，其中可以根据其在教学中的作用分为概念的标准变式和非标准变式；另一类是不属于概念的外延集合、但与概念对象有某些共同的非本质属性的变式，称为非概念变式，其中包括用于揭示概念对立面的反例变式。

(1) 通过非标准变式突出概念的本质属性。

在概念的对象集合中，尽管从逻辑的角度看，每个对象都是等价的，但实际上，这些对象在学生的概念理解系统中的地位并不相同。特别地，其中一些对象由于其拥有“标准的”形式，或者受到感性经验的影响，或者在引入概念时的“先入为主”等原因，而成为所谓的标准变式，如图 6－1 所示。

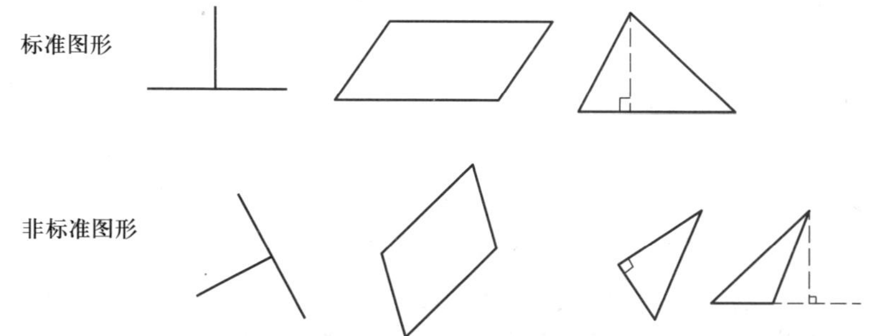

图 6－1 标准图形与非标准图形

在这两种概念变式中，标准变式虽然有利于学生对概念的准确把握，但也容易限制学生的思维，从而人为地缩小概念的外延。解决这个问题的方法之一就是充分利用非标准变式，通过变换概念的非本质属性，突出其本质属性。

(2) 通过非概念变式明确概念的外延。

概念的内涵与外延是对立而统一的，内涵明确则外延清晰，反之亦然。因此，概念的教学除了在内涵上下工夫，还应该使学生对概念所包含的对象集合有一个清晰的边界。

其中一条有效途径就是利用“非概念变式”，如图 6-2 所示。

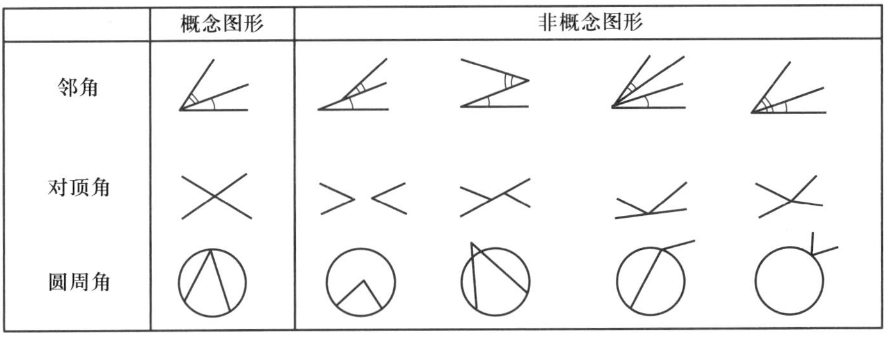

	概念图形	非概念图形			
邻角					
对顶角					
圆周角					

图 6-2 非概念变式①

这类非概念变式一般有两个来源：一是来自概念之间的逻辑关系；二是基于学生常见的错误。教师运用“非概念变式”进行教学，一方面可以帮助学生建立相关概念之间的联系；另一方面也可以预防或者澄清学生在概念理解时可能出现的混淆，从而确切地把握概念的本质属性。

2. 纠错法

心理学家盖耶认为：“谁不考虑尝试错误，不允许学生犯错误，就将错过最富成效的学习时刻。”教师一定要平和、理智地看待错误，并辅之以策略处理，充分利用再生资源。

维果斯基概念发展理论认为存在着两种不同认知性质、不同认知水平的概念，即自发性概念和科学概念。我们平时说的学生中的“常见错误”“典型错误”，就是指学生的自发概念中的不足之处，如 $f(x-y)=f(x)-f(y)$，国外的研究中常以正面方式提到自发概念。学习过程是一个螺旋上升的发展方式。一个数学概念的建立有时是困难而漫长的，需要多次反复，循序渐进，直到真正理解。

（三）概念应用

概念的获取，还不能离开概念的应用，只有达到对概念的应用水平，才能认为是掌握和巩固了概念。心理学将概念的应用分为两个层次，即知觉水平上的应用和思维水平上的应用。

所谓知觉水平上的应用，指学生获得同类事物的概念以后，当遇到这类事物的特例时，就能立即把它看成这类事物中的具体例子，将其归入一定的知觉类型。例如，学生在学习了用代入法和加减消元法解二元一次方程组的内容后，要解一道具体的二元一次方程组，如果他能将其归入所学过的两种方法之一去解决，那么他就达到了知觉水平上的应用。

概念在思维水平上的应用，指学生学习的新概念被类属于包含水平较高

① 顾泠沅. 演变图形在几何教学中的直观效果和心理意义［C］. 上海市数学会年会论文，1981.

的原有概念中，因而新概念的应用必须对原有概念进行重新组织和加工，以满足解当前问题的需要。例如，在讲授对数函数的性质时，要证明 $y=\log_a x$ 当 $a>1$ 时是增函数，就必须要用到一般函数 $y=f(x)$ 增减性的概念，利用一般函数增减性的判定方法去解决当前问题，即对 $\forall x_1 x_2 \in D_x$，若 $x_1>x_2$，则 $f(x_1)>f(x_2)$，则 $f(x)$ 在 D_x 上是增函数。用于当前问题时需要重新组织，即须证当 $a>1$ 时，$\log_a x_1>\log_a x_2$。这种概念的应用过程就是一种思维水平上的应用。

概念的知觉水平应用与思维水平应用是概念应用的两个阶段，在教学中应精心设计例题和习题，根据具体情况采用不同的方式，达到使学生能将概念在两种不同水平上的应用。

（四）概念联结

1. 利用概念图建立概念域

概念图有四个图表特征：概念（concepts）、命题（propositions）、交叉连接（cross-links）和层级结构（hierarchical framework）。概念是感知到的事物的规则属性，通常用专有名词或符号进行标记；命题是对事物现象、结构和规则的陈述。在概念图中，命题是两个概念之间通过某个连接词而形成的意义关系；交叉连接表示不同知识领域概念之间的相互关系；层级结构是概念的展现方式，通常情况下是最一般、最概括的概念置于概念图的最上层，从属的概念安排在下面。概念图就是一种以科学命题的形式显示了概念之间的意义联系，从而把所有基本概念有机地联系在一起的空间网络图。

概念图有三个组成部分：节点（或结点）、连线、连接词。节点就是置于圆圈或方框中的概念。连线表示两个概念之间的意义联系，连接可以没有方向，也可以单向或双向。位于上层的概念通常可以引出好几个知识分支，不同知识领域或分支间概念的连线就是交叉连接（又称横向联系）。交叉连接常常形成方向性意义，也是产生创造性思维的关键之处。连接词是置于连线上的两个概念之间形成命题的联系词。如“是”“引起”“取决于”“包括”“表示”等。

通过概念图，拓展概念外延，使学生对概念的理解由直观感知到理性抽象，由零散杂乱的概念认知结构向完整严谨的认知结构发展，从而完整建构整个数学概念，如图 6－3 所示的“三角形”概念图。

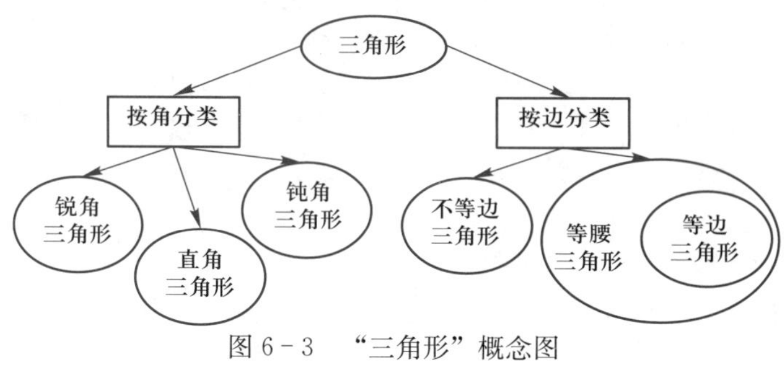

图 6－3 “三角形”概念图

2. 理论联系实际

为了加强广泛的数学联结，各国的数学新课程都十分重视跨学科的综合性学习活动和数学在实际生活中的应用。如日本在 1998 年颁发的《中小学学习指导要领》的数学课程中就新增设了综合学习（也称为课题学习）课程，让学生通过综合所有学过的数学知识，或者是综合数学与其他学科的知识，来解决所要研究的课题，其目的是加强各学科知识的联结。

第三节　数学命题的教学

视频 6.3.1
数学命题的教学

一、命题的含义

逻辑学认为，命题是根据概念，或通过概念组合，抑或由简单命题复合而成的表达判断的语句，其以概念为基础，又比一般概念更加复杂。

二、数学命题的类别

按照判断的正误，把数学命题分为真命题和假命题。按照命题的内容把命题分为简单命题和复合命题。复合命题又分为合取命题、析取命题、蕴含命题和负命题。

（一）真假命题

在逻辑学中，按照命题所反映的情况是否符合事实，我们把命题分为真命题和假命题。例如以下三个命题，都是反映思维对象的某些方面情况的。① 5在 4 和 6 之间；② 矩形是对角线相等的四边形；③ 如果 $x<1$，那么 $2x<2$。由于每个人的认知水平不同，命题所反映的情况是否符合事实就有差异。刚才的命题①、②是符合事实的，而③是不符合事实的。根据逻辑学中的规定，把符合事实的命题叫真命题，与之相反的就是假命题，即不符合事实的命题。根据这个规定，一个命题的真假情况有并且只有一种情况，要么是真命题，要么是假命题，不可能同时具备以上两种情况。在数学中我们要研究的命题都是真命题。

（二）简单命题和复合命题

根据命题的组成情况，我们把命题分为简单命题和复合命题。① 简单命题就是由概念直接构成的，不包括其他命题。比如“三角函数是单调函数”，是个简单的命题，其只包括三角函数和单调函数两个概念，没有其他概念和命题。按照内容的不同，简单命题分为两类：性质命题和关系命题。性质命题反映的是所描述的对象是否具有的某种性质；关系命题反映某一对象和另一个对象之间的某种关系。② 复合命题不是由概念直接构成的命题，命题中还包括其他命题。比如“如果一条直线垂直于同一平面内的两条相交直线，那么这条直线垂直于这个平面”是一个复合命题，其中包括的概念有：一条直线、两条直线、平面；包括的命题有：直线与直线相交、直线与直线垂直、直线和平面垂直的位置关系。

三、数学命题学习的过程

现代认知心理学认为，数学命题学习实质上是新旧知识之间相互作用，并形成新的数学认知结构的过程。新学习的数学命题与学生原有数学认知结构中起固定作用的观念大致可构成三种关系，即下位关系、上位关系、并列关系。相应这三种关系，数学命题就有三种学习形式，即下位学习、上位学习和组合学习。

（一）下位学习（主要为分化）

学生头脑中原有的已知结构在包摄程度或概括程度高于新学习的内容，这种学习称为下位学习。

例如：先讲函数，再将正比例函数、一次函数、反比例函数。

又如：先讲四边形，再讲平行四边形、矩形、菱形、正方形。

下位关系有两种形式：

（1）一种是派生的下位，即新的学习内容仅仅是学生已有的、包摄面较广的命题的一个例证。如菱形为平行四边形的特例。再如，学习了函数单调性的概念和判定后，再学习指数函数的单调性定理，就属于派生的下位学习。

（2）另一种是相关的下位，当新内容扩展、修正或限定学生已有的命题，并使其精确化时，表现出来的就是相关的下位。例如，在学习了“三角形内角和等于 180°”，“三角形中大边对大角”等一般三角形的知识后，再来学习等腰三角形和直角三角形的有关性质定理，“等腰三角形两底角相等”“勾股定理”等，就属于相关的下位学习。

下位学习的效率与原有的认知结构有关。

（二）上位学习（主要为概括）

在认知结构中已经形成的几个概念，在这些知识之上，学习一个概括程度更高的数学命题的形式称为上位学习（上位学习、下位学习是相对原有知识而言的）。

例如，学习一般的二次曲线时，学习者要对几种特殊二次曲线（圆、椭圆、双曲线、抛物线等）进行概括，改组原来具有的特殊二次曲线的认识结构，成为一般二次曲线的认知结构。

再如，学过全等三角形后，再学习相似三角形（在概括程度上，相似更高，全等是相似的特例，相似比 $k=1$）。

（三）并列学习（或组合学习）

新的数学命题与原有知识结构有一定联系，但既不是上位关系，也不是下位关系，则这种学习方式称为并列学习或组合学习。

组合学习的关键在于寻找新定理与原有认知结构中的有关定理的联系（共同特征），使得它们能在一定意义下进行类比。如椭圆到双曲线的学习，从 $\frac{x^2}{a^2}+\frac{y^2}{b^2}=1$ 到 $\frac{x^2}{a^2}-\frac{y^2}{b^2}=1$。

以上三种命题的学习方式并不矛盾，常同存在同一命题中，知识所占比重不同。

四、数学命题教学的目标

中学数学命题教学的基本要求是：使学生深刻理解数学命题的意义，明确其推导过程与适用范围，并且具备灵活运用数学命题解决问题的能力。具体包含以下四个方面：

（1）数学命题的内容。这是数学命题学习的最基本的部分。要让学生会用准确的语言说出数学命题的内容。如勾股定理。

（2）数学命题的结构。能分清数学命题的条件和结论，掌握它们之间的关系，并进一步分析该数学命题与其他有关概念、命题之间的关系。

（3）数学命题的证明。数学命题的证明体现了数学命题与原有知识结构之间的逻辑联系，有助于加深对数学命题的理解和记忆，是培养学生逻辑思维能力的有效途径。数学命题的证明常用方法，如分析法、综合法、演绎法、数学归纳法、反证法、同一法等。这些方法不仅对于数学学习十分重要的，而且对于其他知识的学习也是十分重要的。数学命题的证明不仅是对数学命题的直接验证，而且还可以培养学习者的创新意识。

（4）数学命题的应用。数学命题在现实生活和在后继的数学命题学习中有广泛的应用。因此数学命题的应用是数学命题学习的重要组成部分，要通过例题和习题让学生领会定理和公式的适用范围、应用的基本规律和注意事项。

五、数学命题教学的一般模式

根据命题学习的过程与要求，形成数学命题教学的一般模式：获得命题—证明命题—应用命题。

（一）获得命题

当学生对某些内容感兴趣时，某些与其相关的原有知识被激活，当学生学到某些新信息时，与原有的数学知识建立各种联系（上位、下位、并列联系），知识被同化或是顺应，形成新的联系——数学命题，这个阶段称为数学命题的获得阶段。

根据奥苏贝尔的有意义接受式学习理论和皮亚杰的“发生认识论”，命题获得教学的两种基本方式是呈现式和发生式。

1. 呈现式

呈现式是教师将要学习的命题直接展示给学生，学生通过表征联想获得命题的方式。

其适用有三个必要条件：第一，学习者必须对任何学习任务表现出一种有意义学习的心向；第二，学习材料必须是潜在有意义的；第三，学习者知道已有的知识如何与他们要学习的内容发生关联。

2. 发生式

将命题产生的过程揭示出来，使学生在体悟命题的发生发展的认知中获得命题的学习方式称为发生式。命题的产生是由教师向学生提供一系列的实例、研究素材，让学生在一定的情境下，通过观察、实验、操作、讨论和思考，探索规律，提出猜想和假设，然后获得数学命题。其主要包含两个步骤：情境引入——提出猜想。

（二）证明命题

数学命题的证明就是把新的数学命题与认知结构中原有的知识联系起来，对其进行选择性的重新组合，运用各种推理形式使新的数学命题获得意义。

数学命题证明的结构为：一般地，一个命题 $A\Rightarrow B$，中间要经历许多步骤，设 $A\Rightarrow A_1\Rightarrow A_2\Rightarrow\cdots\Rightarrow A_n\Rightarrow B$。其划归命题就是 $A_1\Rightarrow B$，$A_2\Rightarrow B$，…，$A_n\Rightarrow B$。这一系列的步骤实质就是推理，其中包含两种认知成分，激活相关的信息和遵循逻辑规律的心理操作。这个过程中学习者不断地将条件集和结论集进行匹配，最后求得结果（见图 6-4）。

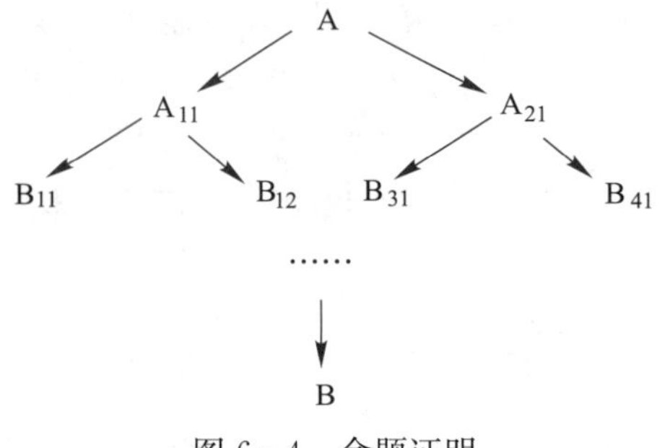

图 6-4　命题证明

命题的证明受三种认知因素的影响：推理者是否具备与新命题相关的旧

知识，以及能否提取旧知识；推理者能否将条件集和结论集进行匹配；根据匹配的情况，由命题 A 合理得到结论 B。在教学的过程中，教师根据要证明命题的实际情况，对学生进行相关的训练和指导，来解决命题证明的难点。

（三）命题应用

数学命题应用有两个层次：命题的直接应用和变式应用。直接应用是变式应用的基础，变式应用又是直接应用的扩展。前者不需要学生进一步的辨认，直接利用命题进行命题的计算证明等，可以加深对命题的理解和记忆。后者不同，是学生在对命题理解的基础上对命题的变形、转化等相关知识的应用，是大多数学生学习的瓶颈。

在命题初学时，教学应该以直接应用为主，让学生对命题的内容有一个很好的理解，以培养学生的智慧技能为主，随着学习时间的增长，教师可以以命题变形、变换为主，不但可以提高学生命题的应用能力，而且也能提高学生的数学分析能力解决问题的能力，进一步提高数学素养。

1. 例题的设计

例题的作用在于巩固和运用所学的数学命题。在教学中要注意命题条件的验证，命题的合理应用。例题应适量选择，量过少不足以巩固命题学习，量过多又显得重复与单调，不能引起学生的兴趣。

2. 练习的设计

问题的设计要循序渐进，由易到难，由单一到适当复杂，由无干扰到有干扰的原则。还要包括综合题、实际应用题和探索性、创造性、开放性问题的设计等。

第四节　数学技能的教学

视频 6.4.1
数学技能的教学

一、技能的含义

技能是顺利完成某种任务的一种动作或心智活动方式。它是一种接近自动化的、复杂而较为完善的动作系统，是通过有目的、有计划的练习而形成的。数学技能是顺利完成某种数学任务的动作或心智活动方式。它通常表现为完成某一数学任务时所必需的一系列动作的协调和活动方式的自动化。这种协调的动作和自动化的活动方式是在已有数学知识经验基础上经过反复练习而形成的。如学习有关乘数是两位数的乘法计算技能，就是在掌握其运算法则的基础上通过多次的实际计算而形成的。

数学技能与数学知识和数学能力既有密切的联系，又有本质上的区别。

它们的区别主要表现为：技能是对动作和动作方式的概括，它反映的是动作本身和活动方式的熟练程度；知识是对经验的概括，它反映的是人们对事物和事物之间相互联系的规律性的认识；能力是对保证活动顺利完成的某些稳定的心理特征的概括，它所体现的是学习者在数学学习活动中反映出来的个体特征。三者之间的联系，可以比较清楚地从数学技能的作用中反映出来。

二、数学技能的类别

数学技能可以分为操作技能和心智技能。

（一）数学操作技能

操作技能是指实现数学任务活动方式的动作主要是通过外部机体运动或操作去完成的技能。它是一种由各个局部动作按照一定的程序连贯而成的外部操作活动方式。如学生在利用测量工具测量角的度数、测量物体的长度，用作图工具画几何图形等活动中所形成的技能，就是这种外部操作技能。操作技能具有有别于心智技能的一些比较明显的特点：一是外显性，即操作技能是一种外显的活动方式；二是客观性，是指操作技能活动的对象是物质性的客体或肌肉；三是非简约性，就动作的结构而言，操作技能的每个动作都必须实施，不能省略和合并，是一种展开性的活动程序。

（二）数学心智技能

心智技能即按一定的合理的、完善的方式进行的心理活动方式。例如，运算、推理论证技能都是心智技能。

数学心智技能作为一种以思维为主要活动成分的认知活动方式，它也有着区别于数学操作技能的个性特征，这些特征主要反映在以下三个方面。

1. 动作对象的观念性

数学心智技能的直接对象不是具有物质形式的客体本身，而是这种客体在人们头脑里的主观映象。如 20 以内退位减法的口算，其心智活动的直接对象是“想加法算减法”或其他计算方法的观念，而非某种物质化的客体。

2. 动作实施过程的内隐性

数学心智技能的动作是借助内部言语完成的，其动作的执行是在头脑内部进行的，主体的变化具有很强的内隐性，很难从外部直接观测到。如口算，我们能够直接了解的是通过学生的外部语言所反映出来的计算结果，学生计算时的内部心智活动动作是无法看到的。

3. 动作结构的简缩性

数学心智技能的动作不像操作活动那样必须把每一个动作都完整地做出来，也不像外部言语那样对每一个动作都完整地说出来，它的活动过程是一种高度压缩和简化的自动化过程。因此，数学心智技能中的动作成分是可以合并、省略和简化的。如 20 以内进位加法的口算，学生熟练后，计算过程中的“看大数”“想凑数”“分小数”“凑十”等动作被压缩成一种脱口而出的简略性过程。

数学技能的形成是学生练习的直接结果，其途径有两条：其一是伴随着数学理论的获得而形成数学技能；其二是在综合应用数学理论过程中形成数学技能。

三、数学技能形成的过程

（一）操作技能的形成过程

操作性数学技能作为一种外显的操作活动方式，它的形成大致要经过以下四个基本阶段。

1. 动作的定向阶段

这是操作技能形成的起始阶段，主要是为达到某一目的如何展开与调节操作活动的表象与概念，包括明确学习目标，激起学习动机，了解与数学技能有关的知识，知道技能的操作程序和动作要领以及活动的最后结果等内容。也就是说，这一阶段主要是了解“做什么”和“怎样做”两方面的内容。如画角，这一阶段主要是了解需画一个多少度的角（即知道做什么）和画角的步骤（即怎么做），以此给画角的操作活动作出具体的定向。

2. 动作的分解阶段

这是操作技能进入实际学习的最初阶段，其作法是把某项数学技能的全套动作分解成若干个单项动作，在教师的示范下，学生依次模仿练习，从而掌握局部动作的活动方式。

如用圆规按照给定的半径画圆，在这一阶段就可把整个操作程序分解成三个局部动作：① 把圆规的两脚张开，按照给定的半径定好两脚间的距离；② 把有针尖的一脚固定在一点上，确定出圆心；③ 将有铅笔尖的一脚绕圆心旋转一周，画出圆。通过对这三个具有连续性的局部动作的依次练习，即可掌握画圆的要领。学生在这一阶段学习的方式主要是模仿，一方面根据教师的示范进行模仿；另一方面也可以根据有关操作规则的文字描述进行模仿，如根据几何作图规则对各个动作活动方式的表述进行模仿。

3. 动作的整合阶段

这一阶段，把前面所掌握的各个局部动作按照一定的顺序联结起来，使其形成一个连贯而协调的操作程序，并固定下来。如画圆，在这一阶段就可将三个步骤综合起来形成一体化的操作系统。这时由于局部动作之间尚处在衔接阶段，因此动作还难以维持稳定性和精确性，动作系统中的某些环节在衔接时甚至还会出现停顿现象。不过，总体来讲，这一阶段动作之间的相互干扰逐步得到排除，操作过程中的多余动作也明显减少，已形成完整而有序的动作系统。

4. 动作的熟练阶段

这是操作技能形成的最后阶段，在这一阶段通过练习而形成的数学活动方式能适应各种变化情况，其操作表现出高度完善化的特点。如这时的画图，不需要意志控制就能顺利地完成全套动作，并且能充分保证其正确性。

（二）心智技能的形成过程

对心智技能的形成过程最具代表性的研究是由苏联心理学家加里培林及其同事给出的。他们将心智技能的形成分为五个阶段：

1. 定向

这是数学心智活动的认知准备阶段，主要是让学生了解并记住与活动任务有关的知识，明确活动的过程和结果，在头脑里形成活动本身及其结果的表象。

如学习除数是小数的除法计算技能，在这一步就是让学生回忆并记住除数是整数的小数除法法则等知识，在此基础上明确计算的程序和每一步计算的具体方法，以此在头脑里形成除数是小数的除法计算过程的表象。

2. 物质活动或物质化活动

这是数学心智活动进入具体执行过程的开始，这一阶段学生把在头脑里已初步建立起来的活动程序计划以外显的操作方式付诸执行。不过，这种执行通常是在教师的指导和示范下进行的。

如计算乘数是两位数的乘法时，一方面根据运算法则指导运算步骤；另一方面在表述运算规定的同时重点示范用乘数十位上的数去乘被乘数所得的部分积的对位，以此让学生在教师的帮助、指导下顺利地掌握两位数乘多位数计算的活动方式。在这一阶段，学生活动的执行水平还比较低，通常停留在物质活动或物质化活动的水平上。如解答复合应用题，在这一步，学生通常会借助线段图进行分析题中数量关系的智力活动。

3. 有声言语

在此阶段，学生的认知活动已不通过对具体化模式的视觉模仿来实现，而代之以运用自己的口头言语表述进行模仿训练。

如两位数加两位数的笔算，在这一步，学生一边计算，口中一边念：相同数值对位，从个位加起，个位满十向十位进 1。这时的计算过程是伴随着对法则运算规定的复习进行的。

4. 无声的外部言语

在这一阶段，学生出声的外部言语活动还会逐步向不出声的外部言语活动过渡。如两位数加两位数的笔算，在本阶段的后期，学生往往是通过默想法则规定的运算步骤进行计算的。

5. 内部言语

这是数学心智技能形成的最后一个阶段，在这一阶段学生的智力活动过程有了高度的压缩和简化，整个活动过程达到了完全自动化的水平，无需去注意活动的操作规则就能比较流畅地完成其操作程序。

四、数学技能的教学目标

数学技能的教学目标是，培养学生掌握技能并能熟练运用，要求做到以下几点：

1. 正确

正确是数学技能学习应注意的第一要素。数学是一门有绝对确定答案的学科，严谨性是它的特点之一，数学要求在解题过程中遵循正确的思维规律和形式，在运算、推理、作图中所得的结论都准确无误。

2. 快速

动作迅速仍是技能训练的标志。现在各种入学考试中越来越重视解题速度，就是考查基本技能的掌握情况。例如对运算技能推理技能的速度要求，就是减少想定义、定理、公式、性质、法则等所浪费的时间和精力，尽可能减少每一具体中间环节或寻求简捷的解法。

3. 协调

协调指各种特殊反应的适当配合，在解决问题时有意识地控制自己的反应，对于文字、符号、图形运用自如，动作娴熟，手、眼、脑并用，作出连锁反应。

4. 利用技巧

技巧是技能所希望达到的高级阶段，它不仅能巩固和发展原有的技能，使工作速度加快，错误减少，同时形成新的技能。

5. 反应自动化

注意对数字、符号、图形所代表的意义作出解释，对公式、定理、性质、法则应用熟练，反应自然迅速而自动地产生出来。它具有高度的准确性、稳定性和灵活性。

五、数学技能教学的一般模式

中学的数学技能以心智技能为重点和难点，根据心智技能的形成过程，我们总结出数学技能教学的一般模式，如表 6－2 所示。

表 6－2　技能教学的一般模式

阶　段	活动内容
行为定向	给定与活动任务相关的知识背景，学生提取储备知识，明确活动的过程和结果
尝试执行	教师引导学生，通过合作学习，尝试完成活动任务
获得技能	对技能进行理解、强调
模仿操作	例题示范，在教师的讲解和示范下，模仿技能活动
技能训练	训练、提升

（一）行为定向

行为定向是建构数学技能初始时期，实质是学习有关的知识与规则。在这个阶段，必须使学生了解任务的性质及动作结构如何，且使任务的操作活动程序的结构在学生头脑中得到清晰的反映。

为帮助学生提高定向水平，可创设教学情境，巩固旧知，活化认知结构，将新任务置于教学情境中，激发学生自主建构新技能的心向，使学生用已有的经验去同化或顺应当前的新任务，并赋予新任务的初始表征。

（二）尝试执行

在这一阶段，学生利用已储备的数学知识，通过合作交流，尝试完成任务。此时，教师要对学生进行一定的引领。

（三）获得技能

在这一阶段，教师对技能进行讲解、明确方法、操作步骤。需注意，教师须通过具体事物讲解技能，以帮助学生较好地获得技能；并且做到理论与实际一一对应，也就是说，操作步骤的说明应对应教师的实际操作行为。

（四）模仿操作

在教师的示范后，学生进一步模仿该数学活动。此时，学生已有明确的方法作为指导，按照操作步骤，一步一步完成任务。

此阶段，适宜设置一些直接运用技能、较简单的练习。

（五）技能训练

一般而言，要使数学心智技能保持、迁移、发展，必然要通过一定的训练才能实现。可以通俗地说，“能说会道”是学生数学心智技能建构的初始标志，“能做会干”是其掌握的标志，“熟能生巧”是其熟练掌握的标志。实现熟能生巧，必经训练环节，但训练不一定导致熟能生巧，可能会出现“熟能生笨”，甚至会产生“熟能生厌”。

第五节 数学问题解决的教学

视频 6.5.1
数学问题解决的教学

一、问题的含义

问题解决离不开问题，在直觉的水平上，大家都知道什么是问题。但究竟什么是问题？问题有多种多样的，内容和形式都千差万别。心理学家对问题的表述也不尽相同。

1988年，在第六届国际数学教育大会（ICME）上，“问题解决、模型化和应用”课题组提出的报告中指出：“一个数学问题是一个对人具有智力挑战特征的、没有现成的直接方法、程序或算法的未解决问题的情境。”

按现代认知心理学的观点，“问题是指那些对于解答者来说还没有具备直接的解决方法，对于解答者构成认知上的挑战这样一种场面。”例如：1＋2＋…＋100＝？对于儿童来说就是问题，而对于学过数列知识的学生来讲，就不是问题了，只不过是一道习题。

大多心理学家都认为所有的问题都含有三个基本成分：

（1）起点：问题的起始状态。

（2）目标：问题要求的答案或目标状态。

（3）障碍：起点与目标之间的隔阂物，通过思维可以寻求解决的方法。

“问题是数学的心脏。”就一个数学问题本身来讲，它应有以下的某些特征：

（1）在问题和解答中包含着数学知识和数学技能。

（2）在学生已有的知识和能力范围内有多种方法解决。

（3）能用学生已有的知识和方法进行推广，或推导出相类似的问题。

（4）包含的数据能组合、分类、制表和分析。

（5）能借助于模型或图像解决。

（6）能激发学生兴趣并具有智力挑战。

二、数学问题的类别

数学问题究竟如何分类？看法也不尽相同。英国学者布茨（Butts）将数学问题分为五类，即识别练习、算法练习、应用问题、开拓—探究问题和问题情境。

严格地讲，前三类问题，按照问题解决中问题的含义，不是我们所说的问题，而是练习题或习题。我国的学者主张将数学问题分成四种类型：综合题、数学模型、开拓—研究问题和开放型问题。

综合题：这是我国教科书中常见的问题。涉及的知识包含数学中多个单元或几何、三角、代数等各个学科。在解题的策略方面，常常需要某些独特的思想方法。

数学模型：这是以自然和社会为背景的实际问题。在中学数学教科书中常见的数学模型，大多与相关学科知识有关。如路程公式：$s=vt$；自由落体公式：$s=\frac{1}{2}gt^2$。

开拓探究问题：这类问题，一是将原问题的某些具体条件用更一般化的条件替代，或是转化为逆问题，使问题能够推广或扩充到各种情形；二是这类问题的解决策略，通常不包含在问题的陈述之中，需要学生去思考、探索，寻求解决的方法。

开放型问题：开放型问题是相对于数学课本中有明确条件和明确结论的封闭型问题而言的。这类问题不必有解，答案也不一定唯一，所给的条件也可能有多余的。但是开放型的问题并不等于随意性的问题，结论仍然要求确定、精确。如前面所述的设计花坛问题，尽管设计方案可以多种多样，但其计算，一要定量化；二要结果确定、精确。

无论按照哪种方法将“问题”分类，按我们所论述的“问题”的含义、特征来看，我们所说的“问题解决”中的问题，主要指的是非常规问题，它与传统的数学练习题和习题有着本质的区别。

三、问题解决的含义

什么是问题解决（problem solving）？根据目前的文献资料介绍，概括起来主要有以下五种。

（一）问题解决是过程

美国全国数学管理大会（NCSM）在 1988 年发表的文件《21 世纪的数学基础》中指出：“问题解决是把前面学到的知识运用到新的和不熟悉的情境中的过程。”第六届国际数学教育大会上，“问题解决、模型化和应用”课题组主席奈斯（M. Niss），他把问题解决定义为“从尝试到解决问题的全过程”。从数学教育哲学的角度来看，所谓问题解决就是学生学习数学的活动过程，是以学生已有的知识和能力为基础的主动建构过程，是通过数学思维，不断数学化的过程，是一个探索、再发现、再创造的过程。

（二）问题解决是教学目的

NCSM 在《21 世纪的数学基础》里提到：“学习数学的主要目的在于问题解决。”这正如西尔弗所说：“世界上几乎所有的国家都把提高学生的问题解决能力作为数学教学的主要目的之一。”

（三）问题解决是能力

数学教育的主要目的是培养学生的数学能力，而问题解决的能力正是数学能力的核心，它是其他基本能力的组合和发展。1982 年，英国数学教育的权威性文件《考克罗夫特（Cockcroft）报告》就把问题解决看成是“数学用于各种情况的能力”。

（四）问题解决是心理活动，也是数学活动

华东师范大学邵瑞珍教授认为，问题解决是“人们在日常生活和社会实践中面临新情景、新课题，发现它与主客观需要的矛盾而自己却没有现成对策时，所引起的寻求处理问题办法的一种心理活动”。这种心理活动对学生来讲就是学习活动，数学教学是数学活动教学，学数学的最好方法是做数学。因此，问题解决的学习就是一类最重要的数学活动，它包含一种或几种基本的数学活动，如运算、推理及建立模型等活动。

（五）问题解决是教学形式

英国的《考克罗夫特报告》给教师提出的五条建议中，第一条就是“应在教学形式中增加讨论、研究、问题解决和探索等形式”，它是“课程论的重要组成部分”。因为问题解决提倡教师与学生，学生与学生之间讨论和交流，并且与其他教学方法有机结合，贯穿于整个教学过程之中，所以它是合理课程不可缺少的有机组成部分。

尽管“问题解决”在各国的文献中有不同的解释，但强调学生创造性地解决未解决的问题，培养学生的思维能力，树立数学观念，却是共同的认识。

四、问题解决的教学目标

在数学教学中，数学问题解决的教学担负着数学课程的许多重要目标，其中包括以下四个方面：

（1）使学生成为一个优秀的问题解决者。

美国著名数学家波利亚说过：“掌握数学意味着什么呢？这就是说善于解题，不仅善于解一些标准的题，而且善于解一些要求独立思考、思路合理、见解独到和有创造发明的题。”因此，问题解决的目标之一应该是培养学生成为一个好的问题解决者。

（2）帮助学生增进对数学的理解。

（3）学会数学式的思维。

美国学者匈菲尔德认为，要通过问题解决培养学生的数学思维，首先必须选择一个合适的有真正数学“味道”的问题（如上述的勾股定理问题），这种问题的一个特征是：在解答过程中可以产生新的数学问题，由此得出一连串的数学问题。

（4）帮助学生形成正确的数学信念。

五、问题解决教学的一般模式

基于问题解决的过程，结合现代教学理论和学习理论以及教学实践，我们可以构建数学问题解决教学的一般模式，如图 6-5 所示。

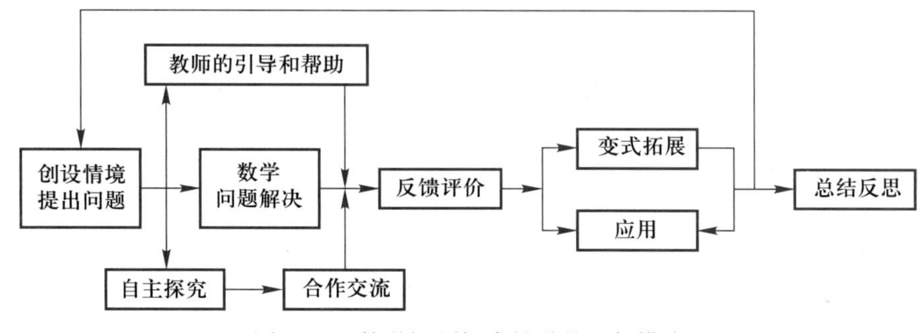

图 6-5 数学问题解决教学的一般模式

（一）创设情境和提出问题

就数学问题解决一个周期而言，创设情境和提出问题是开始，它对引导学生展开数学探究起着激发和思维导向作用。俗话说："好的开头是成功的一半。"因此，教师在进行教学设计时，对创设情境和提出问题要予以充分重视。

（二）数学问题解决

这是数学问题解决教学的核心部分，是数学问题解决教学能否成功实施的关键。一般可以分为两个步骤：首先，可让学生带着问题进行独立思考，探索问题解决的策略，最大限度地寻求问题的自主解决。然后，在此基础上，进行小组的交流合作。

在合作交流时，每个小组的成员要围绕主题充分地发表自己的见解，从不同角度、不同层面提出自己对问题及其解决策略的意见和存在的困惑，交流学习的感受，并在此基础上达成小组对问题及其解决策略的某些方面的共识。对于存在的困惑，可以展开组内讨论。讨论未果的，既可以等待在下一阶段把这些小组的困惑交由全班讨论；也可以向教师反馈，寻求教师的帮助。以上这两个步骤不是绝对的，当所要解决的问题比较复杂，直接由个人自主探究有困难时，也可以先进行组内交流，集思广益，寻找解决问题的途径，然后再进行个人的自主探究。

（三）反馈评价

这是数学问题解决教学的重要环节，实施的具体措施是：各组的学生代表发表对所提数学问题的理解和解决办法，同时也提出存在的疑问。"这样的相互反馈，使得每位学生都能够从中整合他人的见解，得出对问题及其解决全面而深刻的认识。”对于存在的共性疑问，可以展开更广泛的讨论或反馈给教师，在这一环节，教师的反馈评价是十分必要的。

（四）变式、拓展和应用

变式是教师对原问题的某个部分进行变化，由此引出新的问题和进一步的结论；拓展是把问题延伸、拓展到一般情形或其他特殊情形，把学生引向更广阔或更深层次的探究。变式和拓展不仅能深化学生对原有问题的认识，而且也是培养学生的迁移能力和思维灵活性的重要途径。应用是问题解决过程新获得的知识技能和思想方法的一种再应用，这种再应用的情境常常是现实生活中的实际问题。应用问题的解决是培养学生的数学建模能力和应用能力的有效途径。

变式、拓展和应用是数学问题解决教学的重要环节。

（五）总结反思

总结反思就是师生对数学问题解决过程进行回顾，归纳总结所学习的数学知识技能和蕴涵其中的数学思想方法，反思自己在学与教过程中的得失，明确未来努力的方向。

以上实施模式及其说明，反映的是数学问题解决教学的一般过程，其中的各个环节并不是一成不变的，在教学过程中需要针对具体情况进行必要的调整。

第六节　数学活动课教学

《义务教育数学课程标准（2011 年版）》提出：“学生学习应当是一个生动活泼的、主动的和富有个性的过程。认真听讲、积极思考、动手实践、自主探索、合作交流等，都是学习数学的重要方式。”在课堂教学中，应有效激励学生参与学习活动的兴趣，帮助学生在自主探究和合作交流的过程中，真正理解和掌握基本的数学知识与技能、数学思想和方法，从而获得广泛的数学活动经验。

一、数学活动课的内涵

数学活动课是教师指导学生自主活动，以获得直接经验和培养实践能力的课程。它可以提高学生的动手能力，弥补数学学科实践能力的不足，从多视角对学生进行数学思维的训练，促进学生兴趣、个性、特长等自主、和谐的发展，从而全面提高学生的数学素质。它提倡的是参与、探索、思考、实践的学习方式，体现了新课程理念所倡导的自主、探究、合作、交流的学习方式。

数学活动首先是活动，而且是为了数学的活动，学生通过数学活动积累数学活动经验。

1. 活动

活动是由共同目的联合起来并完成一定社会职能的动作的总和。活动由目的、动机和动作构成，具有完整的结构系统。苏联心理学家从 20 年代起就对活动进行了一系列研究。其中，列昂节夫的活动理论对苏联心理学的发展影响很大，成为苏联现代心理学的重要理论基石。

2. 数学活动

数学活动是数学教育在活动中进行，即“数学 ＋ 活动”。活动是形式，是实现目标的手段，让学生通过活动学习数学，让活动贯穿始终。活动中既包括操作性活动（动手），也包括观念性活动（动脑），做数学活动时要注意调动学生动脑、动手、动眼、动口，多种感觉器官密切配合，协调活动。让学生在活 动中感受到愉悦、轻松，在活动中，体脑结合，手脑并用，发现问题和解决问题的能力得以进一步发展。

3. 数学活动经验

数学经验大致可以分为：日常生活中的数学经验；社会科学文化情境中的数学经验；从事纯粹数学活动累积的数学经验。①

广义地说，一切的数学观察、数学抽象、数学演算、数学证明、数学解题都是数学思维活动。在这一意义上，数学教学就是数学活动，因此，这里所指的数学活动是指单独设计的数学活动。

史宁中认为，基本活动经验是指学生亲自或间接经历了活动过程而获得的经验。张奠宙等指出：“所谓基本数学经验，是指在数学目标的指引下，通过对具体事物进行实际操作、考察和思考，从感性向理性飞跃时所形成的认识。”也就是说，基础教育的数学活动是要通过纯思维活动以外的动作，用数学角度去解读人们的行为。数学活动课是“研究性学习”或者“探索性”教学的一种形式。

二、数学活动课教学的原则

我们认为，数学活动课教学的基本理念为：学生的主体性，课程的实践性和活动性，知识的整合性，学生发展的全面性和多样性。基本原则如下：

（1）寓教于乐，激发积极性。

（2）精选内容，注重参与性。

① 张奠宙，赵小平. 需要研究什么是“基本数学活动经验”[J]. 数学教学，2007 (5).

（3）精心设计，注重合作性。

三、数学活动课的基本特征

通过分析数学活动课教学的内涵及与它相关的几个概念，综合近几年各地开展数学活动课教学的经验，可以归纳出数学活动课的基本特征。

1. 主体性

主体性是数学活动课程的核心。数学活动课程中，学生是知识的主动获取者，活动的主体始终是学生。可以说，学生能否主动参与活动，发挥主动性、创造性，独立或与同伴一起参与完成数学活动课程目标，这是衡量数学活动课效果的重要标志。

当然，强调学生的主体性，并不排斥教师的主导作用，事实上，学生自行组织的各种活动都离不开教师的指导和支持。教师的主导作用表现在把握活动的目的，启发学生的积极主动性，帮助学生总结活动的成败得失等方面。这种主导作用贯穿于学生活动的始终。

2. 活动性

活动性是数学活动课程的突出特征。活动性表现为学生的实际动手操作，积极动脑思维，动口表达交流，在亲身实践和体验中获得知识和技能。学生活动的内容具有实践性的特点，注重通过实践活动获得直接经验，把书本知识运用到实践中去，使理论和实践结合起来。

3. 思考性

数学活动课可以安排大量的思维训练内容和动手操作内容，通过这些充满了数学逻辑分析、综合 、归纳、判断、推理的内容和丰富多彩的形式，激励学生既动手、又动脑，勤思、善思，得到数学思想和数学方法的熏陶。

4. 综合性

我们发现，数学活动课中各项活动的完成，需要综合运用数学知识和其他学科知识，打破了学科界限。

5. 开放性

数学活动课的开放性主要体现为：

（1）活动内容的开放。数学活动课程的内容来源是非常广泛的，有的来自数学学科知识的运用和验证、社会现实生活，学生有较大的自主选择余地。

（2）活动空间的开放。数学活动课打破了班级授课制的局限，不仅在室内进行，而且在室外、校外进行，广泛采取“走出去、请进来”的方式，把社会、家庭作为活动的空间。

（3）师生关系的开放。数学活动课实行民主教学，以学生为主体，在教师指导下，班级活动、小组活动、个人活动相结合，扩大了师生交流、生生交流的机会，师生间彼此信任和合作，学生间互助与交流，合作学习，师生感情融洽、和谐。

四、数学活动课教学的基本环节

活动课教学过程，要依据教学内容、教学目标和学生的认知能力与水平，将情境、问题、资料、思考、操作等要素有机组合，一般包括以下几个环节：

（1）活动准备，收集信息。

（2）情境创设，形成氛围。

（3）情境活动，师生互动。

（4）交流评价，共享成果。

（5）总结提升，服务学习。

理解·反思·探究

1. 当前中学数学教学中主要有哪些基本课型？它们的基本结构分别是什么？

2. 结合具体教学内容谈谈概念教学的基本要求，并选择某一教学内容进行教学设计。

3. 结合具体教学内容谈谈命题教学的基本要求，并能根据要求进行教学设计。

4. 结合具体教学内容谈谈技能教学的基本要求，并能根据要求进行教学设计。

5. 结合具体教学内容谈谈问题解决教学的基本要求，并能根据要求进行教学设计。

6. 结合具体教学内容谈谈活动课教学的基本要求，并能根据要求进行教学设计。

7. 结合具体教学内容谈谈为了使学生理解概念，在教学中应采用哪些措施和方法。

8. 在下列概念的教学中你会采用怎样的方法？说说你的理由。

因式分解，三角形中位线，一次函数

9. 数学活动课教学与常规课堂教学之间有什么关系？如何在常规教学中渗透获得教学？

10. 在下列命题的教学中你会采用怎样的引入方式？说说你的理由。

有理数运算法则，平行四边形的判别条件，圆周角定理

拓展阅读导航

[1] 叶立军.数学教师课堂教学行为研究［M］.杭州：浙江大学出版社，2014.

[2] 马复.设计合理的数学教学［M］.北京：高等教育出版社，2003.

[3] 奚定华.数学教学设计［M］.上海：华东师范大学出版社，2001.

[4] 贝尔.中学数学的教与学［M］.许振声，等，译.北京：教育科学出版社，1990.

[5] Bruce Joyce，Marsha Weil，Emily Calhoun.教学模式［M］.7版.荆建华，宋富钢，花清亮，译.北京：中国轻工业出版社，2009.

[6] 唐瑞芬.数学教学理论选讲［M］.上海：华东师范大学出版社，2001.

第七章 怎样进行数学教学设计

要点提示

数学教学设计就是在数学教学活动开始之前教师运用教学理论和系统方法分析数学教学中的问题和需求，研究教学对象，选择教学内容，确定教学目标，选择教学方法与教学模式，设计教学思路与教学流程，确定教学策略方案、试行方案、评价试行结果和修改方案的工作，是对教学活动进行的安排与决策。

《义务教育数学课程标准（2011版）》将数学教学目标分为：知识与技能、数学思考、问题解决、情感与态度四个方面，这四个方面的目标是一个密切联系的有机整体，对人的发展具有十分重要的作用，它们是在丰富多彩的数学活动中实现的。

教学设计包括教学目标、教学过程、问题情境、课堂提问、课堂练习、课堂结尾、板书等的设计。本章分别从教学目标、教学过程、问题情境、课堂提问、课堂练习、课堂结尾、板书等概念出发，针对当前教学现实中存在的问题阐述如何进行设计，并提出相应的原则。

学习目标

- □ 理解教学目标的内涵以及确定教学目标的依据、策略及其原则，能够根据具体教学内容，合理确定教学目标和教学重难点。
- □ 理解教学过程的内涵以及设计教学过程的依据、策略及其原则，能根据具体教学内容，合理设计教学过程。
- □ 理解问题情境的内涵以及设计问题情境的依据、策略及其原则，能根据具体教学内容合理设计问题情境。
- □ 理解课堂提问的内涵以及设计课堂提问的依据、策略及其原则，能根据具体教学内容合理设计课堂教学的问题。

- □ 理解课堂练习的内涵以及设计课堂练习的依据、策略及其原则，能根据具体教学内容合理设计课堂练习。
- □ 理解课堂结尾的内涵以及设计课堂结尾的依据、策略，能根据具体教学内容合理设计课堂结尾。
- □ 理解板书的内涵以及设计板书的依据、策略，能根据具体教学内容合理设计板书。

导入

“以学定教”就是坚定以学生为本的理念，根据学生的学情进行教学设计，根据学生课堂反馈的信息调整教学内容。对学生易学已懂的内容，教师在教学设计中要淡化；对学生难学未懂的内容，教师在教学设计中要重视。教师要“教所当教”。不讲学生已会的内容，不讲学生自己能学会的内容，不讲讲了学生也不会的内容；教师集中力量讲学生学习过程中的易混、易错、易漏点，讲学生想不到、想不深、想不透的，讲学生解决不了的。

教学生学数学，你需要知道三件事：你现在哪里（根据你班里的孩子已有的知识来确定）；你想到哪里去（根据你希望班上所有的孩子本学年获得什么知识来确定）；实现目标的最佳途径有哪些（根据你将要提供给班里所有孩子的学习机会来确定，以此使他们达到规定的目标）。

在教学设计过程中，教学目标是非常重要的。下面这个案例就说明了目标的重要性。

“柴郡猫，请你告诉我，从这儿，我应该走哪条路？”

“这要看你想去哪儿了。”猫说。

“我也不知道要去哪儿。”爱丽丝说。

“那么走哪条路也无所谓了。”猫说。

——刘易斯·卡罗尔《绿野仙踪》

同时，在教学过程中，教师的行为同样也是很重要的。

教师有意的和无意的行为都会对学生造成影响。

如，有一个寓言故事，小螃蟹总是横着走路，他的妈妈劝他说：“孩子，你应该直着走，不要横着走。”在多次尝试失败后，小螃蟹不满地对妈妈说：“你都是横着走的！为什么叫我直着走？”通过言语来进行劝告是容易的，而以行动示范来进行劝告则是困难的，但是榜样与示范对学习者更有帮助。

示范，以行动来传递技能知识，是一种有效的教学策略。思考你想教给学生的内容，然后用行动将其演示处理。示范的策略适合所有年龄段的学生，也适合所有的课程领域。教师示范是一种重要的引导力量，能帮助教师引导学生提高自我。

示范要注意：展示示范技能或过程的重要元素，示范要提供大量的好的例子，如果行为非常复杂，示范时要分解步骤或是放慢速度；示范需要重复，示范要有一定的规范，即使是时间不够。

因此，在进行教学设计时要注意教学目标、教师行为等方面的整体设计，努力提高教学质量。

第一节　怎样设计教学目标

教学目标是课堂教学的核心和灵魂，是课堂教学的出发点和归宿，它具有导向、调控、激励、评价等功能。设计课堂教学目标是教师进行教学设计的首要环节，也是教学设计的关键环节。设计科学合理的教学目标，不仅是教学活动的依据，也是教学测量与评估的依据。科学合理地确定教学目标有利于教师明确学生“学什么”和教师事后评价学生“学”得怎么样，有利于教师明确学生“怎么学”和教师“怎么教”的问题。正如布鲁姆所说：“有效的教学始于准确地知道期望达到的目标。”因此，教学设计首要任务是确定教学目标。可以说，教学目标的选择决定着教学效果。如果教学目标本身存在着问题，那么围绕它进行的一切活动都将失去应有的意义。

视频 7.1.1
教学目标的设计原则

一、确立教学目标的依据概述

教学目标是指学习者通过教学活动预期达到的学习效果。教学目标与教学目的、教育目的经常会被混淆。教育目的是指一定社会对人的培养的总要求，确定培养人的质量规格。教学目的是对教学活动的总体要求，它对所有的教学活动都具有普遍的指导意义，教学目标只是对特定的教学活动起指导作用。教学目的反映了某一时期社会的意志，不能随意变更，教学目标则可由教师根据教学实际需要，自主、灵活地选择确定。故教学目的和教学目标是一般和特殊的关系，教学目标是教学目的的具体化。

教学目标是教师进行教学活动的依据和导向，要确保课堂教学顺利、高效，必须首先明确教学目标。那么，确立教学目标的依据是什么呢?

其一，课程标准是制定教学目标的根本依据。课程标准规定了学科教学的目的、任务、内容及基本要求，对教学起着重要的指导作用。

其二，教材是制定教学目标的重要依据。认真钻研教材，准确把握教材内容，制定的教学目标才能把握关键，突出重点。如今，网络资源日益丰富，各类教学参考书亦层出不穷，一些教师照搬网上“优秀教案”或教学参考书上现成的教学目标，课标和教材意识淡薄，没有深刻钻研其内涵，凭经验上课，往往导致重点偏离，事倍功半。

其三，深入了解学生情况是制定教学目标的必要依据。学生学习新知识的条件是否已满足，学生的生理心理有何特点等问题，只有准确、深入地了解学生才能回答，进而制定科学而又切实可行的教学目标。

二、教学目标设计案例剖析

教师深入分析、钻研课程标准和教材，将其理念、要求内化，从知识与

技能、过程与方法、情感态度和价值观三个维度出发制定教学目标。三维目标是一个相互联系、相互作用的整体，不能将其机械割裂，生搬硬套地把教学目标弄成固定模式。且三个维度的目标并不意味着平均分配，而是有其层次递进关系。确立教学目标时，应尽可能做到明确具体、相互关联、逐步递进，避免空泛教条。

案例 1 数轴的教学目标

义务教育教科书（浙教版）数学七年级上册（以下简称浙教版教材七上）第一章第二节“数轴”。义务教育数学课程标准（2011 年版）关于数轴内容的要求为“借助数轴理解相反数和绝对值的意义，掌握求有理数的相反数与绝对值的方法，知道 $|a|$ 的含义(这里 a 表示有理数)”，其中绝对值为第一章第三节的内容。分析教材可知，“数轴”这节内容是在学生学习了正数和负数的意义及有理数的概念的基础上，由温度计表示温度的高低引出数轴的概念和在数轴上表示有理数的方法，进而引出相反数的概念和互为相反数在数轴上的位置关系。结合课程标准与教材制定三维教学目标如下：

（一）知识与技能

1. 理解数轴的概念，能读出数轴上的已知点所表示的有理数，能用数轴上的点表示有理数。

2. 理解相反数的概念，理解互为相反数的一对数在数轴上的位置关系，能求一个数的相反数。

（二）过程与方法

1. 经历从实际情境中抽象出数学模型（数轴）的过程。

2. 体验有理数与数轴上的点的对应关系，从而体会数形结合的思想。

（三）情感态度和价值观

感受数轴源于生活，数学知识与现实世界密切相关。

【评析】数轴是初中数学的核心概念之一，学习数轴是学生经历把数和形结合起来的过程。本案例中制定的教学目标符合课程标准要求，与教材内容结合紧密，如知识与技能目标中的“能读出数轴上的已知点所表示的有理数”与教材中例 1 相对应。数轴不仅是学习相反数、绝对值知识的基础，也是以后学习不等式等内容的重要工具，且内容难度不是非常大，故对数轴学习要求程度较高，如在“数轴上的点表示有理数”前使用了“能”，“能”与行为动词“掌握”的要求程度属于同等水平。教学目标的制定，不应仅仅研读一节课的教学内容，熟悉整套教材体系，前后融会贯通，整体把握教材和课程标准，才能立意准确，避免模棱两可。

案例 2 “角的大小比较” 的教学目标

“角的大小比较”是浙教版教材第六章图形的初步认识第六节的内容。课程标准关于“角的大小比较”的要求为“能比较角的大小”。阅读教材可知，本节介绍了度量法和叠合法两种方法比较角的大小，由于学生当下还未学习用尺规做一个角等于已知角，介绍用叠合法比较角的大小存在一定局限性，故本节学生只需了解叠合法即可。“角的大小比较”教学目标如下：

（一）知识与技能

1. 理解角的大小的概念。

2. 能用度量法比较两个角的大小，了解比较两个角的大小的叠合法。

3. 会用量角器作一个角等于已知角。

4. 理解角的分类。

（二）过程与方法

经历用量角器作一个角等于已知角，比较角的大小的过程，培养动手操作能力。

（三）情感态度和价值观

通过对角的大小比较，进一步体会几何图形的形象直观美。

【评析】角的大小比较是在学习了线段的长短比较，角与角的度量等知识的基础上进行的，它既是对前面所学知识的综合应用，也是对这些知识的拓展和延伸，为以后角与角的关系的认识以及平面几何中的一些相关内容的学习奠定良好的基础。以上教学目标符合课程标准的同时，亦符合教材前后内容对本节内容要求的水平，且描述清晰具体，不是空话，对教学实践有较好导向性。

案例 3 平方根的教学目标

浙江版教材七上第三章第一节的内容为“平方根”。相应的课程标准要求为：了解平方根、算术平方根的概念，会用根号表示数的平方根、算术平方根；了解乘方与开方互为逆运算，会用平方运算求百以内整数的平方根。“平方根”这一节内容是在加、减、乘、除、乘方五种运算的基础上建立的一种新的运算——开平方。第三章的主要任务是扩展数系至实数，而平方根的概念为实数概念的建立打下基础。本节教学目标如下：

（一）知识与技能

1. 了解平方根、算术平方根的概念，会用根号表示数的平方根、算术平方根。

2. 理解平方根的相关事实（一个正数有正、负两个平方根，它们互为相反数；0 的平方根是 0；负数没有平方根）。

3. 了解乘方与开方互为逆运算，会用平方运算求某些非负数的平方根。

（二）过程与方法

探索平方根概念及其相关事实，体会分类思想。

（三）情感态度和价值观

在探索过程中，感受数学的严谨，养成独立思考、反思质疑的学习习惯。

【评析】教材中求平方根时涉及一些简单的分数或小数，如 0.36，$\frac{16}{9}$ 等，虽课程标准要求为“会用平方运算求百以内整数的平方根”，但考虑到以后运算中涉及的简单分数或小数的开平方，将教学目标定为“会用平方运算求某些非负数的平方根”亦为合理。开平方运算与学生之前学习加、减、乘、除、乘方五种运算的思维有区别，开平方运算会出现不同情况，要进行分类。案例中将体会分类思想置于过程与方法目标中，可见注重前后知识的区别与联系。三维目标并非割裂独立的，通过“过程与方法”，即探索平方根概念及其相关事实的过程才能达到知识与技能目标，也在体会开平方运算与以往运算的差别中，感受分类思想，形成反思质疑的学习习惯，同时，“情感态度与价值观”又是积极参与数学学习，实现其他二个维度目标的动力。从三个方面思考教学目标，是希望学生切实通过学习在各个方面都得到一定发展，如果无理念支撑，那么制定的三维目标也只是个条目烦琐的形式。

建议：制定教学目标需要仔细研读课程标准和教材，且并非局限于某一节课的内容，而是关注前后，熟悉整个系统，便于站在更高的角度从整体上把握内容。教学目标表述清晰、具体，不说空话、套话，切实指导教学实践。从知识与技能、过程与方法、情感态度与价值观三方面制定教学目标时，注重理解三维目标之间的内在联系，避免形式化地割裂开来。

深入分析课程标准和教材是制定教学目标的基础，此外，教学目标的具体和可操作性也决定了其必须考虑学生情况和教学条件，这样制定的教学目标才能切实可行，行之有效。

三、教学目标的设计原则

一般说来，设计教学目标需要遵循以下几个基本原则。

（一）全面性原则

一般来说，一堂数学课的教学内容包括数学知识、数学技能（问题解决策略、数学思想方法）、情感态度等几个方面。学生的发展并不是单一目标的发展，而是多个目标的整合性发展。因此，在制定教学目标时，在注重落实知识与技能、过程与方法目标的同时，情感态度与价值观领域的目标也是我们所追求的，如学习方法、解决问题的自信心、团队合作精神、对数学学习的情感和态度等，这些目标的达成，不是一课一时就能见效的，而是一个日积月累的过程，一个点滴渗透逐渐内化的过程。在这些情意发展的过程中，教师必须担当好引导者、激励者、合作者的角色，创设有助于学生自主学习与合作交流的氛围，培养肯钻研、善思考、勤探索的科学态度。

（二）可操作性原则

教学目标是学生通过教学活动，在知识、能力、情感或行为各方面的变化。因此，教学目标的主体是学生，它指导着学生进行学习活动。为了便于指导学生学习、利于测量学习结果，教学目标的制定应力求避免含糊不清和不切实际的言语，做到具体、明确和可操作，避免教学目标流于形式，从而发挥教学目标真正的作用。

（三）针对性与可测性原则

针对不同的学生，教学目标也是不同的。教师应设计对所教班级有一定针对性的教学目标。教学目标是全体学生在教学过程结束后应达到的基本标准，必须具有可测性，否则，就不能充分发挥教学目标的评价功能。因此，要求教学目标陈述精确、标准、具体、规范。教学目标的针对性和可测性，是正确进行教育评价的前提条件。

（四）层次性原则

从纵向看，学生任何预期的学习结果客观上都要达到不同层次的要求，而较高层次目标的实现需要以较低层次目标的实现为基础；从横向看，不同学生达到的目标再层次上是有差异的。因此教学目标的设计要有层次性，即整个教学目标系统的层次性和一个特定教学目标所反映的教学结果的层次性。

（五）教学目标的设计要正确处理预设与生成的关系

为保证课堂教学质量，预设是必不可少的，我们知道，教学目标是教师在上课前综合各种因素制定的。然而，在教学过程中，由于种种原因，我们经常会发现教学过程偏离教学目标的情形，此时，教师应该根据教学设计情况将教学目标适当微调，使课堂教学顺利进行。在此过程中，教师尤其要关注学生即时表现，并加以适当启发诱导，正确处理预设与生成之间的关系。教学目标的生成性，正是教育是一个动态过程的真实反映。

（六）教学目标的设计要发挥课堂教学评价的积极功能

课堂教学评价是为了促进学生的全面发展，包括数学知识与技能的获得和发展，情感与态度的形成和发展，数学价值观的形成和发展等多方面的发展。学生能否在课堂上发挥主体作用，积极参与学习，除了有教师的引导，更离不开教师的及时反馈和激励。也就是说，课堂教学反馈不能仅仅关注学生对数学知识的理解和掌握程度，数学技能的形成和水平，还应关注学生的整体人格要素，即学生在数学能力、数学思维方法、数学情感与价值观等多方面的发展和进步。只有遵循既注重结果，也注重过程的基本原则，灵活运用各种科学有效的评价和激励手段，才能保证课堂教学目标的真正实现。教学目标的激励性，正是教育评价中激励功能的具体诉求。

总之，教学目标的制定应根据学生的需要，也可以随教学的动态变化而生成。同时，在撰写教学目标时应该注意以下四点：

（1）目标的制定应该突出学科特征，其默认行为主语是学生（通常可以省略），如“使学生……得到发展；培养学生……的能力或情感；教会学生……的知识或技能”等写法是不正确的。

（2）目标的编写应尽可能明确、具体，教学或学习目标的描述要可观察、可测量、可评价，便于教师和学生在教学过程中了解自己是否已达到目标，以便及时调整教学或学习的策略。

（3）教学目标要有层次性。如认知学习领域目标分类有记忆、理解、简单应用、综合应用、创造等；技能学习领域目标层次有模仿、理解、协调、熟练、创新等；情感领域学习目标水平分类有接受、思考、兴趣、热爱、品格形成等。因此，编写教学目标时应注意正确使用目标动词。

（4）目标的制定要说明达到目标的条件。如说明目标中的行为是在什么样的条件下产生的。

教学目标确定后还要确定教学内容的重点和难点。教学重点是指教学内容中最基本、最主要的知识技能，在整个教学内容中占据核心地位。一般来说，重点多集中在基本概念、基本理论和基本方法上；教学难点是指教学内容中学生较难掌握的部分，是学生学习中感到阻力较大或较难的地方。重点和难点有时是一致的，但不是每节课的教学内容都有难点。在制定重点和难点时应以课程标准、教学内容和具体学情为依据。

第二节 怎样设计教学过程

视频 7.2.1
什么是数学教学过程

教学过程既是一个促进学生全面发展的过程，又是一个促进学生认识与发展相统一的活动过程。新课程标准下，数学教学过程是师生双方在数学教学目的指引下，以数学教材为中介，教师组织和引导学生主动掌握数学知识、发展数学能力、形成良好个性心理品质的认识与发展相统一的活动过程。优化教学过程是达到目标的核心，理解知识与掌握技能，需要在教学过程中落实；积极的情感态度和正确的价值观，同样需要在过程中孕育。因此，教学过程是三维目标互相融合为一个整体的黏合剂，抓住教学过程、优化教学过程是全面落实教学目标的关键。

一、数学教学过程的构成要素

教学中最基本的要素是教师、学生、教学内容、教学模式和方法。在数学教学过程中，这四个要素互相依存、互相联系、互相制约、互相作用。首先，教师是数学教学目的的贯彻者，系统数学知识的传授者，又是整个教学活动的组织者和学生学习活动的引导者。离开了教师的活动，教学过程就不存在了。其次，学生是教师工作的对象，是教学效果和教学质量的体现者，离开了学生，教师的活动就要落空。所以在教学过程中，学生既是教学的客体，又是学习的主体，要使学生有效地由未知向已知转化，促使他们掌握学习的主动权，就必须在教学过程中，充分调动学生学习的自觉性和积极性。教师和学生是最活跃的两个基本要素，是教学过程诸矛盾中的主要矛盾。抓住了这对矛盾，充分发挥教和学各自的积极性和主动性，使这个教学过程真正成为一种双边活动，无疑是提高数学教学质量的重要条件。最后，教学模式和方法是教师将教学内容有效地传授给学生的重要措施，离开教学模式和方法，就不能很好地实现教学目的，就不能取得较好的教学效果。

二、教学过程流程图的制作

教学过程的设计就是用流程图的形式简洁地反映分析和设计阶段的结果，表达教学过程，直观地描述教学过程中教师、学习者、学习内容、教学方法等基本要素之间的关系，给教师提供一个有重要参考价值的教学设计方案。

为了更方便其他教师、研究人员了解整个教学过程，我们可以将教学过程以流程图的形式呈现。用流程图的形式呈现教学过程，把复杂的教学过程分解为相对简单的几个环节，明确地显示了教学过程各要素之间的关系。这样有利于教学过程有序的开展，有利于教学过程的最优化。具体说来，采用流程图方式表示课堂教学流程有以下优点：可以直观地显示整个课堂活动中各个要素之间的关系和比重；教师可以根据学习者不同的反应情况作出相应的教学处理，灵活性大、目的性强；教学过程流程图是浓缩了的教学过程，层次清楚、简明扼要、一目了然。

在教学过程流程图中使用的符号通常有统一的规范，具体见表 7－1。

表 7-1 教学过程流程图符号规范

符　　号	意　　义
矩形	教师的活动
圆角矩形	媒体的应用
平行四边形	学生的活动
菱形	教师进行逻辑判断
→	过程进行的方向

使用流程图应注意以下几点：

（1）在框内简要说明此步的内容。

（2）在框图上可注明需了解的信息。

（3）反馈回路应是闭路循环，不能断开。

由于教学过程流程图是教师实施教学活动的蓝图，它体现了教学过程中教师、媒体、学生三者的相互作用以及多种媒体的组合与使用情况，因此，在组织和表述课堂教学过程结构时，必须遵循以下四条原则：

（1）使课堂教学内容形成一个完整而又合乎逻辑的知识体系。

（2）符合学生的学习心理顺序。

（3）便于教师对媒体的操作使用。

（4）注意各学习单元之间的连贯性和配合性。

视频 7.2.2 数学教学过程的类型

三、教学过程的类型

教学内容不同，教学过程的组织也不同，下面列举几种常见的课堂教学过程结构形式。当然，这只是一种常规的模型框架，目的是为课堂教学过程设计提供基本的思路和方法。而实际的教学过程要复杂得多，需要教师根据实际情况创造性地设计教学过程。

（一）概念

概念课的教学过程一般大致经历以下几个过程：摆事实、举例子—归纳概念—强调概念特性—辨析概念。

教学过程流程图如图 7－1 所示。

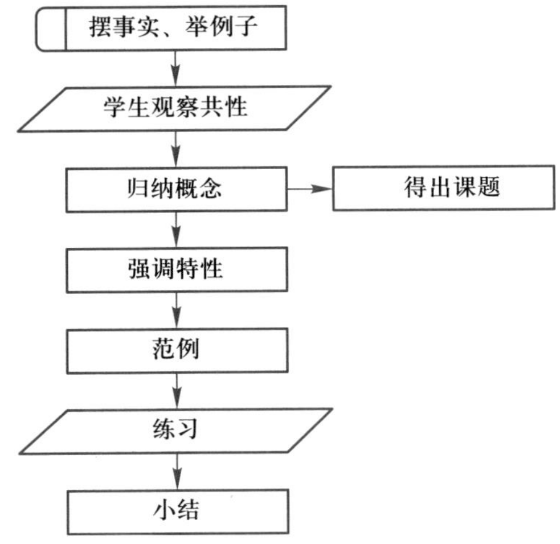

图 7－1　概念课的教学过程流程图

（二）公式法则

公式课的教学过程一般经历以下几个过程：提出公式—推导公式—强调公式特点—应用公式。

教学过程流程图如图 7－2 所示。

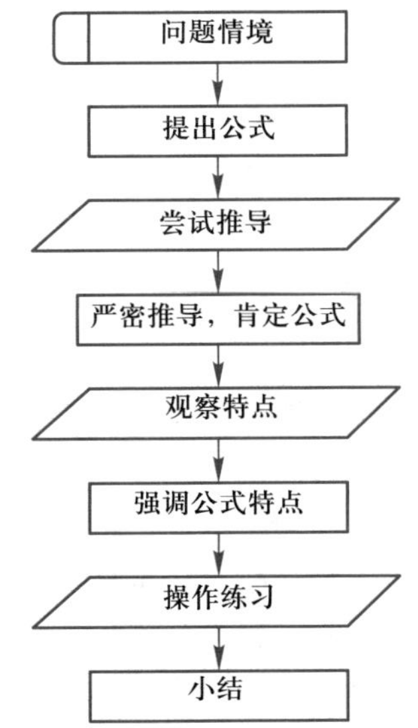

图 7－2　公式课的教学过程流程图

（三）公理定理

定理课的教学过程一般经历以下几个过程：创设问题情境—提出猜想—验证猜想—表征定理—应用定理解决相关的几何问题。

教学过程流程图如图 7－3 所示。

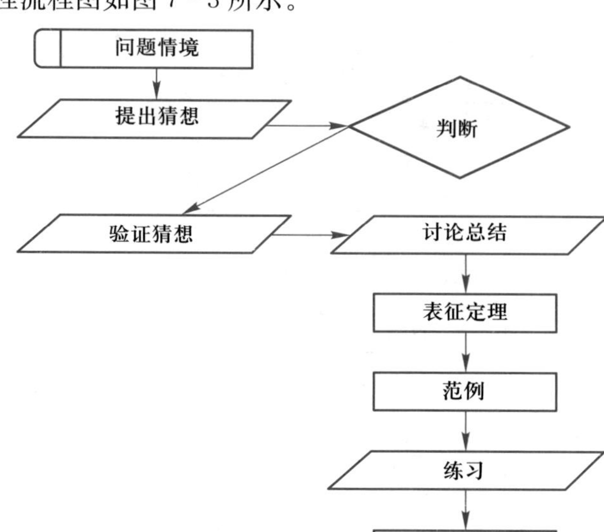

图 7－3　定理课的教学过程流程图

（四）知识应用

应用类课型常见的教学过程为：导言—例题 1—小结方法—相关练习—反馈—例题 2—小结方法—相关练习—反馈。

（五）复习巩固

复习课常见的教学过程为：知识点回顾—例题—讲解—配套练习—反馈—例题—讲解—配套练习—反馈……课内练习—反馈。

视频 7.2.3
教学过程的设计原则

四、教学过程设计的原则

教学过程设计应包括时间分配、师生活动、作业设计及设计意图等。教学过程尽量做到环节清晰、层次分明，同时，注意排版设计和小标题的使用，核心标题最好能体现教学意图，如“问题呈现”“探究发现”“定理应用”“课堂小结”“作业布置”等。注意用词的搭配，如“学生活动描述”为“学生活动预设”，内容尽可能具体、可操作。

教学过程的设计一般需遵循以下几个基本原则。

（一）教师主导原则

教师是教学信息的传递者。在传统的教学过程中，教师的主要任务是讲解，将知识传授给学生。随着现代教育技术在课堂中的应用，课堂教学改革的不断深入，教师的作用除了进行信息编码、讲解内容外，最关键的是要在课堂教学过程中起主导作用，从单纯的知识讲解转变为引导学生掌握知识内容。

（二）学生主体原则

学生是教学信息的接受者，是课堂教学活动的主体。在教学过程中，必须让学生有机会参与教学活动，使学生处于积极动脑、动口、动手的状态，充分调动和发挥学生的主体作用，并使教师与学生之间沟通交流，活跃师生间的双边互动。进行多媒体组合优化教学设计的目的之一，也是要优化课堂教学结构，从而充分发挥学生的学习积极性，让学生从以前的仅仅是“学会”变为“会学”，把学生原来的接受式学习转变为接受和发现学习并重。

（三）媒体优化原则

在设想如何运用教学媒体的时候，要考虑各种媒体的优化组合。正如人体各部分器官虽然分工明确，各司其职，但它们的功能是通过优化组合才得以充分发挥一样，教学媒体系统功能的充分发挥也是通过多种媒体的组合后形成的优化结构来实现的。一个好的多种教学媒体组合的整体结构应具备以下特点：传递的信息量大；调动多种感官共同参与、相辅相成；各种教学媒体的主要优势都得到充分发挥；各种媒体都唾手可得、使用方便。

（四）遵循认知规律原则

学习者的认知规律和特点，取决于他们的年龄心理特征。年龄较小的学生，知识和经验少，感知能力差，依赖性比较强，无意注意占主导地位，以具体形象思维为主。随着年龄的不断增大，知识、经验增加了，感知能力提高了，能通过一定的意志努力，集中注意力参与学习活动，其思维也由具体形象思维逐步过渡到抽象思维。在设计教学过程中，必须遵循这些认知规律，符合学习者特有的认知要求，才能获得满意的效果。

第三节　怎样设计问题情境

良好的开端是成功的一半，一个有效的课题导入往往会成为这堂课成功的关键，它是数学教师最为精心设计的部分。为了把学生的兴趣引到所要学习的新知识上，教师常通过某些诱导和铺垫创设问题情境，进行课题导入。

视频 7.3.1
什么是问题情境

一、问题情境概述

“情境”一词在多种领域使用，如心理学、社会学、教育学、传播学等，因而“情境”被赋予不同的含义，其中有“多重刺激模式、事件、对象”

“传播事件或传播过程具体化的背景”“人们正在进行某种行为时所处的社会环境”“学生进行意义建构所需要的外部学习环境”等。建构主义学习观认为：任何知识都有其赖以产生的意义的背景，知识是一种工具，要理解并灵活运用某一知识，就应当知道知识的运用范围，也就是应当理解知识赖以产生意义的背景，即情境。教育心理学将“情境”解释为“多重刺激模式、事件和对象等”。

问题情境，是指将教学内容与学生感兴趣的生活实际相联系而设计的问题，教师创设问题情境，旨在激发学生学习主动性和积极性。问题情境是在问题解决中，用来刺激学生的好奇心和求知欲，产生认知冲突，诱发他们质疑、猜想、探索，从而唤起强烈的问题，并维持解决问题行为的条件和背景。简单地说，问题需要情境刺激，情境中必有待解决的问题。

数学问题情境对于学生问题解决活动的意义，德国有一位学者有这样的比喻：“将 15 克盐放在你的面前，你无论如何也难以下咽，但将 15 克盐放入一碗美味可口的汤中，你就会在享用佳肴时，将 15 克盐全部吸收了。”数学问题情境与数学知识好比汤之于盐，数学知识要溶于问题情境中，才能彰显出它的美味和活力，才能被学生自然地接受。

问题情境应满足以下特征：

（1）诱发性。在创设问题情境时，要使设计的问题情境能诱发学生的认知冲突，造成学生心理上的悬念，从而唤起学生的求知欲、探索欲、激发学生的兴趣。

（2）直观性。设计的问题情境能够提供某种直观，符合数学学科特点，以学生比较熟悉的知识为背景，使学生借助于这种直观，能够自己去发现问题和提出问题，领悟数学本质，提炼数学思想方法，灵活运用数学。

（3）过程性。设置“问题情境”的目的是让学生经历解决问题的过程，在探索和研究中感受和体验数学，并帮助学生发现问题、提出问题、思考问题。

（4）挑战性。苏联心理学家维果茨基提出：学生的学习是从已知区—最近发展区—未知区的过程，是一种循环往复、螺旋上升的积累。问题情境要遵循“最近发展区理论”，能引起学生认知冲突，需要学生挖掘和研究。

（5）开放性。“问题情境”是一个开放的领域，选择的内容上更多地面向学生的生活世界，并且尽可能使学生在活动过程中产生丰富多彩的学习体验和个性化的创造性的表现，解决问题的过程和结果可以具有不确定性和开放性，也具有生成性的特点。

（6）延伸性。好的问题情境应该既构建当前教学应当解决的问题，又蕴含着与当前任务有关但又超出当前任务，让学生自己回味。思考的问题，营造出一种完而未完、意味无穷的境界，让学生迫不及待而又兴趣盎然地继续学习。也就是说，好的问题情境在时间上要追溯到过去、延伸到未来，在空间上要从课堂拓展到课外，以便学生能更好地以问题情境为中心线索去进一步地思考、探究。

一般说来，一个完整的问题情境需要经历以下四个过程：感受情景—对情景进行描述—表征数学问题—解决问题。在这个课题导入的过程中，既要注重数学的本质，又要注意适度合理，同时，还要符合直观性、趣味性、启发性和铺垫性等原则。

二、设计问题情境的策略

视频 7.3.2 问题情境失误反思

数学问题情境的创设，其素材可以源于数学自身，源于现实生活，还可以源于其他相关的学科，但都必须依据学生的心理发展特点，顺应学生的认知发展规律和课堂教学内容。

（一）利用数学旧知，创设问题情境

建构主义学习观认为，学习不单单是知识由外向内的转移和传递，而是通过新经验与原有生活知识经验的相互作用，来充实、丰富和改造自己的知识经验。利用学生已有的知识经验引发学生的认知冲突，进而激发学生求知欲，这无疑是一种常用的创设情境的方式。

（二）利用其他学科知识，创设问题情境

视频 7.3.3 设计问题情境的策略（1）

当今时代学科间相互交叉、相互渗透的特点越来越明显，这就要求数学教学应重视与其他学科的联系。教师可以从其他学科中选取素材作为课程资源，对学科知识加以整合，使学生整体地把握知识，有利于学生的全面发展。

例如，讲向量时，可以与物理学中的力、速度做类比；讲乘方的概念时，可以采用生物学中细胞分裂的问题；讲空间直角坐标系时，可以借助于化学中学生熟悉的食盐晶胞立体模型建立坐标系，写出各原子所在位置的坐标，体会空间坐标系的特点。

（三）利用日常经验，创设问题情境

视频 7.3.4 设计问题情境的策略（2）

学生的学习是建立自己的生活经验基础上的，在活动中主动地建构自己的知识。也就是说，学生走进教室时并不是一无所知的，而是在日常生活、学习和交往活动中，已经逐步形成了自己对各种现象的理解和看法。因此，教师必须做一个有心人，经常收集一些相关教学的生活资料，创设生活情境，把学生的生活经验作为“已知通向未知”的桥梁。同时，也使问题情境反映了数学知识在真实生活中的应用方式。

（四）利用实验，创设问题情境

美国实用主义教育家杜威主张“从做中学”。教学中的实验操作可以调

动学生的主观能动性，调动学生的多种感官，使学生在“做数学”的过程中学数学。

例如，在“椭圆”的教学中，可以请同学们取一圆纸片，圆心为O，在圆内取定一点A，将圆片的边缘向圆内折叠，使圆片的边缘通过定点A，或者说使圆片边缘上的一点P与定点A重合（如图 7-4）。每取一点折一次就得一条折痕。当点在圆周上取得足够多且密时，所得的众多折痕就显现出一个椭圆的轮廓。（数学背景：人教版选修 2—1，如图 7-5，圆O的半径为定长r，A是圆O内一定点，P是圆上任意一点，线段AP的垂直平分线l和半径OP相较于点Q，当点P在圆上运动时，点Q的轨迹是什么?）

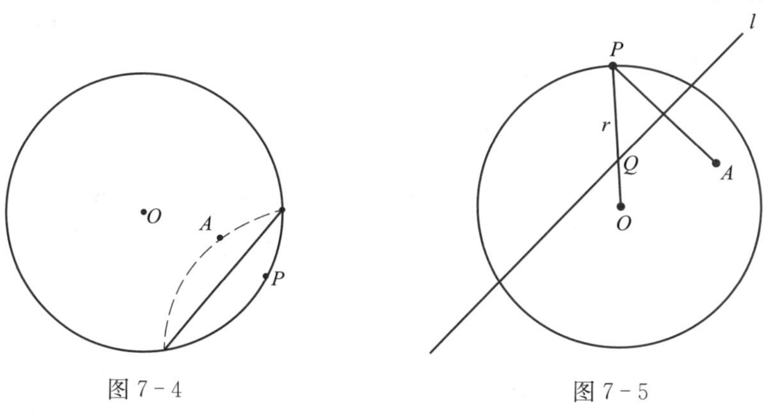

图 7-4　　　　图 7-5

（五）利用现代信息技术，创设问题情境

信息技术对教学内容、教学方式以及学习方式都产生了重大的影响，成为教学的强有力工具，在教学中发挥着重要的作用。课程标准的数学课程基本理念中也提到：“高中数学课程要注重信息技术与数学课程的整合。现代信息技术的广泛应用正在对数学课程内容、数学教学、数学学习等产生深刻的影响。提倡实现信息技术与课程内容的有机整合，注意把算法融入数学课程的各个相关部分。提倡利用信息技术来呈现以往教学中难以呈现的课程内容，尽可能使用科学型计算器、各种数学教育技术平台，加强数学教学与信息技术的结合。鼓励学生运用计算机、计算器等进行探索和发现。”

因此，教师应该与时俱进地发展自身教学技能，运用网络、多媒体、计算机及其软件、计算器等各种信息技术平台开发课程资源，加强信息技术与学科教学的整合，充分发挥其优越性，提高教学效率和教学质量。教学中，运用几何画板、数学实验室、Flash 等软件以及 TI 图形计算器、Z+Z 智能教育平台等创设情境，会给数学教学提供极大的方便。

（六）利用典故材料，创设问题情境

课堂上介绍数学家的趣闻轶事、数学概念的起源、古今数学方法的简单对比等，都能起到激发兴趣的作用。数学史料是新课引入时的绝佳材料。

除上述几种策略外，还可以从另一个维度思考创设情境的策略，比如可创设争论性问题情境、动态问题情境、试误问题情境等。

三、设计问题情境的原则

视频 7.3.5
设计问题情境的原则

问题情境的设计一般需遵循以下几个基本原则。

（一）适应自然的原则

夸美纽斯在《大教学论》中把“教育要适应自然”作为一切教育教学活动的根本指导原则。作为教学活动重要环节的课题导入也要求按照课堂教学自然发展的“规律”或“法则”来进行。问题情境设置要求自然而然，顺理成章。因此，在设计问题情境材料时，既要考虑选择材料的自然性，也要考虑学生的年龄特征和个性差异。

（二）符合学生心理特点的原则

教育心理学指出：学生学习的动力，来源于对所学内容的社会意义有清晰的认识。学习目的不明确，就不可能主动而又积极的学习。而一节课的教学效果如何与学生学习的合理状态密切相关，因此，问题情境起着重要的作用。所以问题情境的设置既要符合儿童的年龄特征和个别差异，又要根据学生的心理特点，恰到好处地设置问题情境，才能为学生学习创造最佳的思维情境，激励学生饱满的学习热情，促使学生以积极的态度和旺盛的精力主动探索，从而获得最佳的教学效果。

（三）遵循有效、新颖以及适时、适度的原则

问题情境设置要能引起学生兴趣、引发学生有效思维，同时，时机要恰当。我们认为，好的问题情境必须是一个问题，而且贯穿在整个课堂教学的始终。同时，问题情境设计的方法是灵活的，途径是多样的，但不管采用哪种方法、哪个途径，都要求切入主题的方法、途径引人注目，力求新颖的同时，更要求与教学内容关系紧密，切题迅速，这是问题情境设计导入的一个必须遵循的原则。

第四节　怎样设计课堂提问

教师提问是最古老，也是最普遍的教师课堂教学行为，它是师生之间交流、对话的重要方式，在数学教学中有着重要的功能。对提问行为的研究可

以追溯到孔子的“启发式”提问和苏格拉底“产婆术”提问。《中国大百科全书·教育》认为，提问是一项重要的教学手段，它被运用于整个教学活动中，是联系师生活动的纽带。在教学中有助于引导学生探索知识、积极思考、获得智慧。提好问题等于教好书。教学的艺术在于有技巧地使用提问，因为在问题中我们有清晰生动的思想指导，能快速刺激想象力，启发思考，激励行动。

视频 7.4.1
课堂提问的类型

一、提问的类型

对课堂提问的研究有必要对问题进行明确的分类，最简单的是将问题分为封闭性问题和开放性问题。也有研究者把题问分为“敛聚性”和“发散性”问题①。

（1）敛聚性提问：将问答限定在一个或少数几个答案之内的问题，学生只需要回忆某些知识即可作答。如：“20 除以 5 等于多少?”

（2）发散性提问：激发一般的、开放性的回应，问题没有唯一的答案，任何答案都有可能是正确的。如：“什么数能够被 5 整除?”

根据数学知识表征的类型，可将提问分为：

（1）陈述性提问：是有关人所知道的事物状况的知识，能被人陈述和描述，回答是什么的问题。如：“今天我们学习了什么?”

（2）程序性提问：是关于人怎么做的知识，包括运动技能、认知技能和认知策略，回答怎么做的问题。如：“这个方程怎么解?”

根据教师的提问作用和认知水平的不同层次，可将提问分为：

（1）识记性提问：要求学生通过回忆或描述记忆中已有的知识进行回答，不需要理解所学的知识。如：“什么是因式分解?”

（2）管理性提问：为了维持课堂纪律使得教学有序进行而发起的提问，与课堂教学知识无关。如：“还有谁愿意回答?”

（3）提示性提问：教师利用相关知识点引发学生进行正确的思考，或教师为了完成整个过程的指导，对解题步骤给予提示。如：“这一步优先考虑的是什么?”

（4）重复性提问：重复学生的回答后再进行提问，对学生的回答表示怀疑或强调，目的是为了更好地了解学生掌握的情况。如：“哦，你选择的是 A，对吧?”

（5）理解性提问：要求学生结合所学知识进行一定的思考、归纳和总结，并对所记忆的知识进行一定的理解，该提问有时是在提示性提问的基础上对学生提出了更高的要求。如：“如何进行分式约分?”

（6）评价性提问：要求学生能基于一定的标准而进行判断。如：“这个

① 明轩. 提问：一个仍需要深入研究的领域 [J]. 外国中小学教育，1999 (4)：26.

结果对吗？”

视频 7.4.2
提问中的问题剖析

二、课堂提问中的问题剖析

（1）简单的是非问题。这类问题是作为其他问题的准备而提出的。虽然这类问题对学困生或者内向的学生有一定的用处。但是，这类问题对错机会各占 50%，有时候，学生很容易揣摩到教师的提问的意图并猜到正确的答案。与此同时，由于是非问题的分析含量低，即使学生回答正确了，也不能说明他们真正理解了所学内容。

（2）简单的追问。有的教师往往在学生问答问题的停顿或者回答不完全时进行简单追问，但不提供任何帮助。如：“嗯，继续，还有吗？”

（3）猜测问题。教师提出的问题中，有的问题本身是开放性的，有的问题要求学生进行猜测或推论，有的问题超出学生的能力范围。这类问题对发挥学生的想象力和让他们参与讨论有一定的意义，但是，如果使用不当或过多使用，往往会造成学生不予思考、妄加猜测。

（4）无效的反问。这类问题，如：“你想知道结果，是不是？”教师应该培养学生这样的意识，即教师一旦提问，就会出现重点和有趣的东西。

视频 7.4.3
课堂提问的策略

三、课堂提问的策略

（1）追求课堂提问的时效性，减少低效提问，增加高效提问。

教师的提问行为与学生的应答行为构成了一个师生对话系统，该系统应以完成教学目的为宗旨。如果该系统不以完成教学任务为宗旨，而一味地追求较多的提问与应答行为来达到课堂的表面热闹形式，是没有任何价值和意义的。所以，教师应根据不同的教学目的、不同的教学内容和不同的学生，选择不同类型的提问，以激发学生不同认知层次的应答行为。

教师应该增加有效提问，减少无效或低效提问，激发学生积极思维的动力，把学生引向学习的内容，引向问题的关键处、实质处。

（2）针对不同类型的问题引导学生采取不同的应答方式，激发学生高认知思维，使学生的认知水平达到“最近发展区”的要求。

教师能够很好地驾驭课堂，倾向于严格调控课堂秩序并提出半简单性问题与复杂性问题，激发学生较高认知程度的思维。随着每个学生都平等地被提问，学生们便不再去想他能够或被迫回答可以抵抗老师的意志、不回答问题，那么他就能更好地集中精力思考和学习，更好地参与到教学中来，从而创造高认知的回答①。因此教师的提问要符合学生的已有认知水平，处在学生的最近发展区，使学生能够思考问题并理解问题。

---

① Wigle，Stanley E. Higher quality questioning [J]. Education Digest，2002，65 (4)：62－64.

（3）鼓励学生积极参与课堂教学提问。

从众多的课堂教学研究来看，教师提问次数很多，但学生参与应答的次数很少，独立参与应答的人数更少，特别是在新知讲授和课堂练习这两个重要的教学环节中，学生参与度较低。所以，在合适的范围内，教师应该积极鼓励学生参与教学活动，大胆表达各自想法，发挥学生的主体性。

（4）教师应针对不同的提问类型采用不同的等候策略，调动学生的思维活动，提高学生的参与度。

研究发现，教师的提问类型与提问后等候时间的长短之间存在明显的关系。所以，教师在提出问题后，应根据不同难度的问题和学生不同的认知程度，给予学生不同的思考时间，从而充分调动学生的思维活动，提高学生的思维水平和学生的参与度。只有这样，学生的思维才能最大限度地活跃起来。

（5）在设计课堂问题时要注意问题的梯度和难度，不同类型的问题采用不同的提问策略。

研究表明，学生应答认知程度与教师提问的方式有很大的关系，高水平的提问方式能引发学生高认知的回答。因此，教师要选择合适的教学材料，确保能激起学生高认知的回答。同时，提问应建立在学生的最近发展区内合理设计有梯度的问题，对复杂的问题进行分解，对不同的内容采取不同的策略。当教学难度较大时，可结合教学内容，由易到难地进行提问，尽可能采取开放式的提问，切忌控制学生的答案，并且对不同的学生采取不同的提问策略；而当教学难度较小时，教师可以适当加大问题的难度，给予学生充分的思考时间，寻求更高认知水平的回答。

（6）合理采用追问方式，使用问题形成高效的“问题链”是有效提问的重要策略。

研究发现，无论是教师提问的类型还是学生应答的类型都与教师提问的方式有着显著的相关性。因此，教师在教学过程中，要重视提问的有效性，合理采用追问方式，使问题形成高效的“问题链”。也就是说，教师在追问的过程中，首先要面向全班学生提出问题，然后留给学生一定的思考时间，再让学生回答，重视获取答案的过程，最后还要采用先提问后叫学生名字或先叫学生名字后提问的个别提问策略来让学生回答，这样不但能减少学生无答现象，还能增加回答问题的正确性和完整性，并且在高级认知水平上也会有更好的提高。

总之，教师提问应遵循适时、适度原则。教师应根据不同教学环节、不同的提问类型，选择不同的提问策略，从而激发学生不同认知层次的应答行为，不断提高自身的提问艺术，全面提高教学质量。

四、课堂提问的设计原则

课堂提问的设计一般需遵循以下几个基本原则。

（1）针对性原则。课堂提问应分主次轻重，不能为了提问而提问，应该有的放矢，紧紧围绕教学的重点和难点，扣住疑点，体现教学的目标意识和情感的思维方向。

（2）适度性原则。要求课堂提问按照思维的“最近发展区”原理，选择一个“最佳的智能高度”进行提问。不要一味地求难，要根据学生的整体素质提问。

（3）层次性原则。由于教授对象存在一定的差异，因此教师设计的问题必须有层次，来迎合不同层次学生的需要。提问是提高教学效果最快的办法，学生会在教师提问后积极地参与教学活动。所以，问题要能调动各个层次学生的积极性。

（4）精炼性原则。提问的语言表达应该言简意赅，简明扼要，不要过于空洞，也不能过于烦琐。

（5）全体性原则。提问要面向全体学生，不要出现“被遗忘的角落”。但这并不意味着齐答最合适，需要根据问题选择回答方式以及回答的学生。

第五节　怎样设计课堂练习

数学练习是学生运用知识的过程，是把知识转化为能力的桥梁。加强数学练习不仅能培养学生的能力，发展学生的智力，而且能有效地训练学生的思维。课堂练习是课堂教学过程中不可缺少的一部分，它是巩固知识、发展思维、反馈信息、显示教学效果的重要环节。

一、课堂练习的类型

视频 7.5.1
课堂练习的类型

1. 引新练习

学习新知识前的练习就是引新练习。它既是教师和学生上好课的知识、心理准备，又是学习新知识的坚实基础。其练习过程就是在新旧知识间架桥铺路的过程。这类练习一般要少而精，要围绕教学重点来设计。

2. 尝试练习

学习新知识时，教师引导学生进行一定的尝试，学生凭借自己已有的知识经验，探究摸索新知识的过程，就是尝试练习。

3. 巩固练习

在新知识学完后，学生要对新知识进一步理解和巩固，进而形成技能技巧。这就要求教师把握重难点，设计难度适中、层次分明、螺旋式上升的巩固练习。这类练习一般要求学生独立完成，方便教师了解学生掌握的情况，及时查漏补缺。我们平时意义上的练习多数指巩固练习。

视频 7.5.2
课堂练习的设计策略

二、课堂练习的设计策略

（一）紧扣要求，精选题目——扣准知识的"点"

数学教学的主要特征，就是将教学过程变为引发学生练习的过程，每堂数学课的教学任务都是通过不同层次的练习来实现的。因此，练习要有一定数量，但也要保证一定质量。在设计练习时要注意知识的完整性，如果把一定范围的知识结构视为一个网络，这个网络又是由许多知识点连缀而成的，那么，练习题的设计必须覆盖到每一个知识点。教师要在起决定作用的知识点上下工夫，由浅入深，由易到难，层层推进，使学生逐个掌握知识点。同时，教师还应在知识的联系上动脑筋，注意新旧结合，使学生在巩固新知识的同时复习旧知识。

（二）改变呈现，灵活变式——拉长思维的"线"

变式训练应抓住思维训练这条主线，恰当地变更问题情境或改变思维角度，培养学生的应变能力，引导学生从不同的途径寻求解决问题的方法。教学中要特别重视对例题、习题的"改装"或引申，培养学生的发散性思维和灵活的思维品质。

（三）设置开放，蕴含思维———拓展探究的"面"

课程标准强调人人学有用的数学，不同的人学习不同的数学，不同的人在数学上得到不同的发展。数学练习应促进学生的思维发展，培养学生的创新精神和实践能力。设计开放性的练习可以给学生提供更多的思考和探索空间、自主创新的机会，从而培养学生思维的灵活性。

三、课堂练习的设计原则

课堂练习的设计一般需遵循以下几个基本原则。

（一）针对性原则

练习设计要有针对性，练习的内容要紧扣教学要求，目的明确。练习不是目的，而是达到教学目的的手段。练习内容要紧扣教学要求，有针对性，分层次，由易到难，不平均使用分量。容易的少练，较难理解的重点练、反复练，加强估算、巧算、心算练习。使计算逐步达到熟练形成技能，能做到一听到或看到题目，就能迅速地说出得数。通过练习调动学生学习的积极性，使课内练习变为学生自觉的活动，从而提高练习的效果。

（二）全面性原则

机械单调的练习容易使学生产生厌倦情绪，为了充分调动学生学习的积极性，可采取多种多样的练习方式，以引起学生的兴趣和注意力。另一方面，练习应涵盖所有的考查点，且有所侧重。

（三）层次性原则

数学练习的设计应体现层次性，以满足不同层次学生的需要。练习的难度应略高于学生知识水平，具有思考的价值，学生才会对其产生兴趣。针对学生学习能力有差异的客观事实，找准学生的最近发展区，为他们确定相应的目标，设计难易有别的练习。一般来说，确定为基础、发展、创造三级目标，要求一般学生能实现基础目标，努力完成发展目标；基础较好的学生努力完成创造目标。这样，让学生针对自身情况自主选择合适的具有挑战性的练习，促使他们的学习能力得到有效发展。

（四）反馈性原则

学生理解和掌握知识的情况，学生的思想方法、思维方式和解题技巧等都需要通过练习反馈给教师，为教师开展教学活动，或调整教学方式提供依据。因此，教师在设计练习活动时，应充分考虑到学生的反馈意见，将此部分内容做好相应的设计。

第六节　怎样设计课堂结尾

课堂结尾是教师对课堂教学进行归纳总结，扩展新旧知识联系，以形成系统的行为方式，是课堂教学过程的一个重要环节。

俗话说得好："编框编篓，重在收口；描龙描凤，神在点睛。"课堂教学也是一样，一个好结尾不仅可以对教学内容起到画龙点睛和提炼升华的作用，还能成为贯通新旧知识，衔接前后内容的纽带。

然而，在教学实践中，有些教师往往忽视课堂结尾，课堂结尾千篇一律地成了"这堂课你学到了什么"，学生的回答也在下课铃声中一带而过，甚至没有课堂结尾。恰当地设计课堂结尾，可以统揽课题要领，形成完整的知识体系，使学生进一步明确本节课的具体教学任务；可以抓住要点内容，加深理解当堂所学的知识；同时，也可以为后续课题埋下伏笔，激发学生进一步探讨的兴趣。如果一堂课是“虎头蛇尾”的，那这堂课是失败的，如果一堂课能做到“虎头—驼峰—凤尾”，这堂课就是精彩的。

视频 7.6.1
课堂结尾的类型

一、课堂结尾的类型

（一）提纲式结尾

提纲式结尾是教师和学生运用准确精练的语言，对知识重点和学习方法作归纳的一种结尾。它是课堂教学中最常用的一种方式。这种方式突出重点，可以侧重于数学知识本身的梳理，也可以侧重于学习方法的总结。运用此种方式可以让学生由博返约、纲举目张。

（二）提问式结尾

提问式结尾是在结束教学时，让学生在回顾所学内容的基础上提出问题，教师给予解答或让学生讨论回答。这种方式能再次激发学生的学习兴趣，启发思维，有时也可弥补教学中的不足。

（三）解惑式结尾

一堂好课，往往能首尾呼应，有因有果，浑然一体。课始，结合教学内容创设情境，激发兴趣，提出问题；课尾，利用掌握的新知识，解决课始问题，总结所学知识，加深对新知识的理解。

（四）拓展式结尾

课堂结尾时，教师提出一个或几个与教学内容紧密联系而课堂上又无法解决的问题，留给学生课后解决，从而达到拓展教学内容的目的。

（五）铺垫式结尾

视频 7.6.2
课堂结尾的设计策略

建立本堂课与下节课的巧妙联系，在课堂结尾时，激发起学生的求知欲。这样这节课的“尾”便成了下节课的“头”，使得知识得以连贯，能提高下节课的教学效率。

二、课堂结尾的设计策略

（一）提纲挈领，画龙点睛

一堂课结束时，教师对本节课的内容、知识结构、技能技巧，用画表格或图示等方法，以准确简练的语言，提纲挈领地归纳总结，帮助学生删繁就简，把握中心，使知识条理化、系统化，以便让学生加深对课堂所学知识的理解，在头脑中建构一定的知识结构，培养他们归纳概括的能力。

总结归纳可以由教师做，也可以先启发学生做，再由教师加以补充和修正，或者由教师和学生共同讨论来解决。因此，在一定程度上讲，如果将课堂结尾前面的教学过程比喻成知识的播种过程，那么，课堂结尾的总结归纳过程则是一个金秋的收获季节。

例如，七年级下册“整式的除法”一节的结尾。

（一）单项式相除

1. 系数相除
2. 同底数幂相除
3. 只在被除式里的幂不变

（二）多项式除以单项式

先把这个多项式的每一项分别除以单项式，再把所得的商相加

（二）自由发问，查漏补缺

一堂课结束时，教师利用几分钟时间，让学生把在本节课上没有理清的知识，或者在学完这节课的基础上产生的新的困惑，与教师和其他同学进行交流。这样，教师可以及时解答学生的困惑，弥补课中没有讲解到位的知识；同时，学生的思维得到发散，不再受到课堂教学计划的束缚。

（三）首尾呼应，学以致用

写文章一般都要注意首尾呼应，结构完整，课堂教学也是如此。有些教师常常以提出问题、设置悬念的方式引入新课，用以激发学生强烈的求知欲望和学习兴趣。那么，在课堂结尾时，不要忘记引导学生运用本节课所学到的知识，分析和解决新课导入时所提出的问题，消除悬念。这样既能巩固本节课所学到的知识，又照应了开头，因而使一堂课的教学形成了一个相对完整独立的系统。使学生在知识的应用中享受到解决问题、消除悬念的乐趣，从而提高学习兴趣。

例如，在学习余角与补角时，开头给出如何在量角器无法嵌入的情况下测量堤坝的倾斜角，学生带着问题进入新课的学习。伴随着新知识的引入，在课堂中陆续会有学生想通了之前的问题而跃跃欲试。到了结尾，大家信心满满地去解决问题，这不仅是对本堂课最好的检验，也大大提升了学生学习本节课的兴趣。

（四）设置悬念，开拓思维

一堂课讲完后，不应是学生学习的结束，而应把课尾作为联系课内与课外、学科课程与活动课程的纽带，引导学生向课外延伸、扩展，开辟“第二课堂”。也就是说，在一节课即将结束之际，教师可以提出有一定难度的问题供学生自行探讨，让学生带着问题离开课堂，把学生从课堂上激起的学习兴趣延伸到课外，鼓励学生去探索课本以外的奥妙。

例如，在“周期函数的概念”教学中，课堂结尾时可引申如下问题：

若将周期函数概念中的恒等式“$f(T+x)=f(x)$”作如下改动，其结果如何呢？

① $f(T+x)=-f(x)$；② $f(T+x)=f\left(\frac{1}{x}\right)$；③ $f(T+x)=-f\left(\frac{1}{x}\right)$。

如果学生有兴趣和时间，还可以进一步研究，将恒等式再作如下变化，其结果又如何呢？

① $f(T+x)=f(x-T)$；② $f(T+x)=-f(x-T)$；③ $f(T+x)=f(T-x)$；④ $f(T+x)=-f(T-x)$。

要求教师能够对问题进行多角度和多层次审视，根据教学目标、教学内容和学生水平，恰当地选择一些“发散点”。

（五）埋下伏笔，激发求知欲

叶圣陶说：“结尾是文章完了的地方，但结尾最忌的却是真的完了。”所以，优秀的教师应根据学生的心理特点和新旧知识之间的内在联系，在教学结束时根据教材的实际情况，找个“节骨眼儿”，像章回小说那样，在关键的“节骨眼儿”上“刹车”，造成一种悬念，从而给学生留下一个有待探索的未知数，激起学生学习新知识的强烈欲望，产生学习期待。这样使新旧课之间有了衔接，把一次一次的课堂教学连贯起来。

第七节　怎样设计板书

视频 7.7.1
板书的类型和板书的要求

板书，是教师经常使用的一种重要的教学手段。通过板书，可以把教学内容形象精炼地呈现到黑板上，对学生理解内容、开拓思路起着画龙点睛的作用。好的板书就是一篇“微型教案”，对启发学生思维、发展智力、指引学路起着重要的点化作用。①

① 吴仁林. 小学教学板书设计的基本思路［J］. 课程教材教法，1993（6）.

随着信息技术的发展，多媒体已经成为教师组织教学必不可少的资源，有时甚至完全取代了板书。那么，板书是否会被淘汰呢？牛津大学出版社的《教育学》中指出：“一切直观教具不论像电影和录像节目那样昂贵复杂，还是自制的画片和模型那样简单便宜，都具有相同的目的：在学习者视觉上留下强烈的印象，事实上，所有直观教具中，数黑板最普遍、最重要、最灵活。”事实证明，“粉笔＋黑板”的手段虽然古老，但在许多场合下确实比现代化教学手段更为有效。① 可见，现代化的教学手段与传统的板书是一种互补关系，不能互相取代。如果说，多媒体的运用像一朵姿态绚烂的牡丹使人惊艳，那么写在黑板上的板书就像一簇悄然绽放的茉莉，让人感到平实、素朴、暗带幽香。②

一、板书的类型

（1）提纲式，是按教学内容和教师的讲解顺序，提纲挈领地编排书写的形式。

（2）表格式，是根据教学内容可以明显分项的特点设计的形式，适于归类、比较。

（3）图示式，是用文字、数字、线条、箭头、符号等组成的文字图形的方法，它能直观地展示教学内容，揭示内容间的联系，便于记忆。

（4）网络式，是将零星分散的知识串起来，组成以某一个知识内容为主体的知识网络，它能帮助学生记忆及迁移，从全局来把握某一章节的知识，适于整理与复习。

二、板书的要求

（一）全局性

教师应对本节课的课堂板书有一个总体的设计，主要包括：确定要板书的文字、图表和符号及其表述形式；合理设计板书结构，努力使板书做到既实用又美观，使板书成为数学课堂一道优美的风景线，给学生以视觉享受。

（二）规范性

课堂教学的重要任务之一是传递知识信息，其基本要求是科学、准确。因此板书首先应做到科学、规范，具体来讲，要注意以下几个方面：

（1）文字书写用字要规范，杜绝不规范的简化字。

---

① 何小亚，姚静. 中学数学教学设计［M］. 北京：科学出版社，2009.

② 曹丽丽. 数学课堂教学巧用板书［J］. 教学与管理，2007（11）.

（2）字母、符号使用正确。

（3）作图规范。如画几何图形，尽可能用尺规作图，画直角坐标系时要标注 x、y 轴和坐标原点 O。

（4）表述规范、科学。

（5）解题格式规范，过程详略得当，关键步骤完整。如立体几何计算题三个步骤：作、证、算，缺一不可。

（三）逻辑性

严密的逻辑性是数学区别于其他学科的重要特点之一。掌握数学知识的内在联系，是学好数学的重要前提。数学课堂教学中的板书不应是零星知识点的简单罗列，而应尽可能显示出知识之间的内在联系，以帮助学生构建完整的认知结构，提高学习效率。

（四）概括性

课堂教学中的板书既要注意传递信息的完整性和规范性，又要提高效率，以提高课堂教学的效益。为此，在保证信息完整、规范的基础上，应尽可能地减少书写内容，要做到以下几个方面：

（1）只板书关键字词。

（2）对所板书内容进行合理加工重组，以节约板书时间。

（3）合理使用符号语言和图形语言，节约文字书写时间。

（五）选择性

板书应突出重点，该写则写，不该写坚决不写。一般来说，下列内容应作为板书的重点：重要概念的表述及其注解；重要公式、定理、法则的表述及其推导过程；典型例题的关键步骤；重要的规律方法的概括和总结；其他有特殊目的的素材。

三、板书的设计策略

视频 7.7.2
板书的设计策略

（一）巧设板书感受简洁之美

板书不是烦琐的演算，也不是千篇一律、逐字逐句的书写，板书是教师与学生沟通的平台之一，所以简洁清晰才是板书应该具备的特点。

如在进行函数单调性研究时就可以用上箭头表示增，下箭头表示减；在参数问题中甚至可以用苹果表示参数或不变量。

第一次应用：作为学生学习讨论提纲，引导学生进行两种图形间联系的探索。第二次应用：当学生得出结论后，板书成为学生叙述公式推导过程的发言提纲，学生抛开具体的实物操作，根据板书提纲组织语言，完成真正意义上的认识飞跃。教师随之根据学生推导得出公式。板书有提纲挈领作用，使学生对知识由操作层面的感知转向思考内化后的理解。

总而言之，用简洁的符号或者图案来勾画精美的板书的确是一门艺术，但这不失为吸引学生的一个很好的方式。

（二）巧设板书，体现辨析之美

板书不单纯是过程的演练、概念的总结，更是知识对比与辨析的平台，通过严格规范的板书，让学生能充分发现事物的区别与联系，是板书的重要功能之一。

如在讲授双曲线时，可利用椭圆与双曲线各种性质的类比。教师可按如下格式板书，引导学生自主探究双曲线的性质，并且充分认识两者之间的区别：

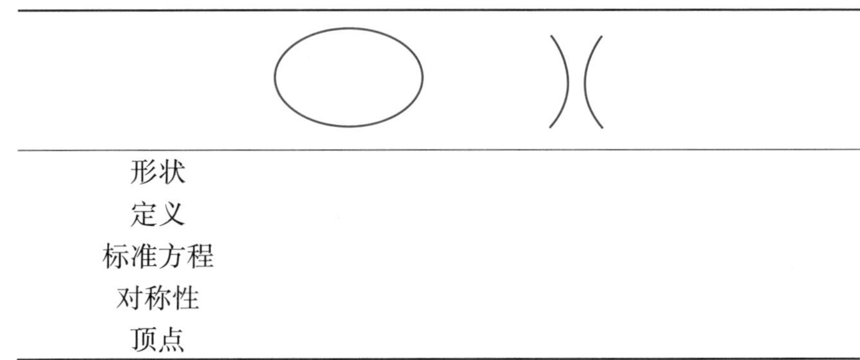

（三）巧设板书，启发思维之美

板书不单纯是静态的信息传递，更是师生互动交流的重要媒介，通过独具匠心的板书，启发学生思维，使学生积极投入探究活动中去，是板书的重要功能之一。

如在推导等差数列的通项公式的过程中，由定义得到：后项－前项＝公差 d，是解决问题的关键，为了引导学生得出累加法，教师可按如下格式板书：

$$a_2-a_1=d$$
$$a_3-a_2=d$$
$$a_4-a_3=d$$
$$\cdots$$
$$a_n-a_{n-1}=d$$

再启发学生，从上述各式能否得出用 a_1、d 表示的通项 a_n。教学实践表明，由于上述板书具有极强的启发性，多数学生都能由此得出累加法。

（四）巧设板书，展现动态之美

教师可采用图示型板书或网络型板书，将复杂的问题有逻辑地展示出来，让学生非常直观地感受知识间的相互联系或问题解决的过程。

理解·反思·探究

1. 结合具体的教学内容谈谈数学教学目标的内涵是什么？
2. 结合具体的教学内容谈谈数学教学目标有哪三个维度？它们之间有什么关系？
3. 结合具体的教学内容谈谈数学教学过程的内涵是什么？
4. 结合具体的教学内容谈谈数学问题情境的内涵是什么？
5. 结合具体的教学内容谈谈设计问题情境的需要遵循的原则有哪些？设计问题情境的方法有哪些？
6. 结合具体的教学内容谈谈数学课堂提问有哪些类型？设计课堂提问需要遵循的原则有哪些？方法有哪些？
7. 结合具体的教学内容谈谈设计课堂练习需要遵循的原则有哪些？方法有哪些？
8. 结合具体的教学内容谈谈设计课堂结尾需要遵循的原则有哪些？方法有哪些？
9. 结合具体的教学内容谈谈板书设计需要遵循的原则有哪些？方法有哪些？
10. 结合教学内容谈谈数学课堂教学目标的价值，并谈谈如何确定教学目标。
11. 以高中人教版“余弦定理”（第一课时）为例，确定教学目标并进行教学设计。

拓展阅读导航

[1] 叶立军.数学教师课堂教学行为研究［M］，杭州：浙江大学出版社，2014.

[2] 何小亚，姚静.中学数学教学设计[M].北京:科学出版社，2009.

[3] 王德昌.数学课堂教学板书要体现“九性”[J].教学与管理，2007(3).

[4] 马复.设计合理的数学教学[M].北京：高等教育出版社，2003.

[5] 唐瑞芬.数学教学理论选讲[M].上海：华东师范大学出版社，2001.

[6] 奚定华.数学教学设计[M].上海：华东师范大学出版社，2001.

[7] 贝尔.中学数学的教与学［M］.许振声，等,译.北京：教育科学出版社，1990.

[8] 曹丽丽.数学课堂教学巧用板书［J］.教学与管理,2007(11).

郑重声明